사람이 아름답다

책 읽는 가족 9
사람이 아름답다

초판 1쇄 2002년 10월 15일 | 초판 6쇄 2005년 5월 20일
2판 1쇄 2006년 1월 5일 | 2판 4쇄 2008년 1월 25일
개정판 1쇄 2008년 10월 10일 | 개정판 8쇄 2021년 7월 15일

지은이 홍 기 | **그린이** 원유미 | **펴낸이** 신형건
펴낸곳 (주)푸른책들 | **등록** 제321-2008-00155호
주소 서울특별시 서초구 양재천로7길 16 푸르니빌딩 (우)06754
전화 02-581-0334~5 | **팩스** 02-582-0648
홈페이지 www.prooni.com | **이메일** prooni@prooni.com
인스타그램 @proonibook | **블로그** blog.naver.com/proonibook

글 ⓒ 홍 기, 2002, 2008 | 그림 ⓒ 원유미, 2008
ISBN 978-89-5798-147-4 74810

＊잘못된 책은 구입한 곳에서 바꾸어 드립니다.
＊이 책 내용의 일부 또는 전부를 재사용하려면 반드시 저작권자와
(주)푸른책들 양측의 서면 동의를 얻어야 합니다.

이 도서의 국립중앙도서관 출판시도서목록(CIP)은 e-CIP홈페이지(http://www.nl.go.kr/ecip)와
국가자료공동목록시스템(http://www.nl.go.kr/kolisnet)에서 이용하실 수 있습니다.
(CIP제어번호 : CIP2008002323)

사람이 아름답다

홍 기 동화집 | 원유미 그림

푸른책들

■ 지은이의 말

더욱 행복하기 바랍니다

　나는 글을 쓸 때 늘 주변 사람들을 모델로 삼습니다. 그들 중에는 가난한 사람들도 있고 힘없는 사람들도 있지만 마음만은 한결같이 따뜻합니다. 이런 마음들이 모이면 세상이 밝아지고 서로서로 행복해집니다.
　사람은 누구나 행복을 누릴 권리가 있으며 마땅히 누려야 한다고 믿습니다. 그것이 내가 글을 쓰면서 늘 "이 이야기를 읽는 사람은 다 행복해져라. 다 행복해져라." 하며 주문을 거는 이유입니다.
　모든 이가 행복하기를 바라지만 다 그런 것 같지는 않아 보입니다. 그럼에도 불구하고 우리는 각자의 자리에서 행복해야 합니다. 그러기 위해서는 서로 사랑하고 배려하며 어떤 처지에서라도 긍정적인 태도로 삶을 대하지 않으면 안 됩니다.
　필리핀에 갔을 때, 팍상한 강가에 사는 뱃사공의 집을 방문한 적이 있습니다. 그의 집은 열 평도 채 안 되는 작은 오두막이었습니다. 거기서 아들, 며느리, 딸, 사위, 손자, 손녀 등 열네 명의 식구들이 뱃사공이 버는 아주 적은 돈으로 오순도순 살아가고 있었습니다.
　그들이 너무나 행복해 보여 물었습니다.

"무엇이 당신들을 이토록 행복하게 합니까?"
그가 빙긋이 웃으며 대답했습니다.
"가난하긴 하지만 우리 가족은 모두 건강하고 서로 사랑하고 있습니다. 그러니 행복하지 않을 이유가 없습니다."
이 대답은 내게 깊은 감명을 주었습니다.
힘든 일이 있을 때마다 "행복하지 않을 이유가 없습니다."라는 말이 떠올랐고 그러면 새로운 힘이 솟았습니다.
내 글이 지난 6년 간 많은 독자들의 사랑을 받아 더 좋은 옷으로 갈아입고 새로 태어난다는 말을 듣고 무척 반가웠습니다. 이 책을 다 읽고 나면, 모두들 가슴 안에 따뜻한 사랑의 씨앗을 하나씩 품었으면 좋겠습니다. 그리고 행복해지면 좋겠습니다. 행복한 사람이 진정 아름다운 사람입니다.

2008년 여름에
홍 기

| **차례** |

옥수수빵 • 9

사람이 아름답다 • 18

토끼 장례식 • 34

새로 놓은 다리 • 45

수달 이야기 • 53

새와 할머니 • 63

어깨동무 동상 • 71

아침 햇살 오르거든 • 82

자장면 • 93

지은이의 말 _ 4
책 읽는 가족 여러분에게 _ 114

옥수수빵

주위가 어둑어둑해져 옵니다. 마을 앞산이 검은 그림자의 모습으로 성큼 다가섭니다. 등에 멘 가방이 더욱 무겁게 느껴집니다.

상민이는 걸음을 재촉했습니다.

"망할 지지배!"

눈앞으로 정빈이의 얼굴이 스쳐 지나갑니다. 너무나 밉살스런 모습입니다. 정빈이만 아니었더라도 이렇게 늦지는 않았을 것입니다.

선생님은 무엇이든 대충대충 넘어가는 법이 없었습니다. 선생님이 숙제장을 펴놓으라고 했을 때 아차, 했습니다. 어제 학교에 다녀온 뒤로 해가 지도록 쏘다니며 놀다가 집에 돌아와서는 텔레비전을 보다가 그냥 자고 말았습니다. 절대로 숙제가 하기 싫어서 안 한 것은 아니었습니다.

단지 생각이 나지 않았을 뿐입니다.

"어제도 해 오지 않더니, 오늘 또냐?"

선생님은 손에 든 막대기를 다른 쪽 손바닥에 탁탁 치며 가까이 다가왔습니다.

"네에, 저어…… 머리가 아파서 계속 누워 있었심더."

얼떨결에 거짓말이 튀어나왔습니다. 자신이 생각해도 신통합니다. 아무리 무서운 선생님일지라도 아파서 누워 있었다는데야 어쩌지 못할 것입니다.

"그래?"

선생님은 미심쩍다는 표정을 짓긴 했지만 말투를 많이 누그러뜨렸습니다.

정빈이 그 계집애가 나선 건 바로 그 때입니다.

"아입니더. 거짓말입니더. 해질 때까정 산으로 들로 쏘다니는 걸 내 이 두 눈으로 똑똑히 보았심더."

선생님의 얼굴이 무섭게 일그러졌습니다.

"이젠 거짓말까지 해? 안 되겠어. 수업 마치고 남아!"

그렇게 하여 아이들이 다 돌아간 텅 빈 교실에서 해 가지 않은 숙제 다 하고, 반성문 석 장 쓰고, 선생님 훈계까지 듣고 이제야 집으로 돌아가고 있는 것입니다.

상민이는 당산 나무 앞에 멈추어 섰습니다.

"당산 할매. 고 지지배 벌 좀 주이소!"

당산 나무를 올려다보았습니다. 당산 할머니가 별 부탁을 다 한다고 노려보고 있는 것 같아 움찔했습니다.

"꼭 그렇게 해 달라는 말은 아니고예."

상민이는 손을 더듬어 돌을 하나 집어 돌탑 위에 얹었습니다.

그 때 길 위쪽에서 무슨 기척이 들려 왔습니다. 돌아보니 누군가 걸어오고 있었습니다. 어두워 확실히 보이지는 않지만 걸음걸이로 봐서 정빈이인 것 같았습니다. 상민이는 다람쥐처럼 재빨리 당산 나무 위로 올라가 가지 뒤에 몸을 숨겼습니다.

정빈이는 당산 나무 밑에 와서 걸음을 멈추고 두리번거리며 주변을 살폈습니다. 아무도 없다는 걸 확인하자, 꿇어앉아 두 손을 싹싹 비비며 무슨 말인가를 중얼거렸습니다.

상민이는 정빈이가 왜 저럴까 잠시 어리둥절했습니다. 그러나 곧, 나흘 동안이나 앓아 누워 있는 어머니를 위해 빌고 있다는 것을 알아차렸습니다.

정빈이 어머니는 일 년에 한두 차례 심한 몸살로 앓아 눕곤 했습니다. 보통 하루 이틀 지나면 털고 일어났는데 이번에는 어찌 된 일인지 나흘이 지나도 조금도 차도가 없다는 것이었습니다.

"당산 할매…… 당산 할매……."

정빈이의 중얼거림 사이사이에 '당산 할매'란 말이 또렷하게 들려 왔

습니다.

 상민이의 머릿속에 정빈이를 골려 줄 수 있는 기가 막힌 방법이 떠올랐습니다. 상민이는 한쪽 손으로 코를 쥐고 목소리를 한껏 깔아 또박또박 말했습니다.

 "무슨 사연이 있길래 내 이름을 이렇게 애타게 부르는고?"

 생각대로 정빈이는 깜짝 놀랐습니다. 이리저리 두리번거리다 아무것도 발견하지 못하자 멍해 있었습니다.

 "그래, 이제 사연을 말해 보거라."

 상민이는 속으로 웃음이 쿡쿡 나왔으나 눌러 참았습니다.

 "정말 당산 할매가 맞으예?"

 정빈이는 당산 나무를 올려다보았습니다.

 "무엄한지고! 감히 나를 의심하다니!"

 상민이는 짐짓 화난 척했습니다.

 "아, 아니예. 제가 상상하던 목소리와 너무 달라서예. 할매 목소리가 어린애 목소리일 줄은 꿈에도 몰랐어예."

 "내가 감기 몸살에 좀 걸렸느니라."

 "예. 맞으예. 우리 어메도……."

 "알고 있느니라. 네 어머니도 몸살로 나흘 동안 앓고 있지?"

 "어떻게 알았어예?"

 "다 아는 방법이 있느니라. 내가 그런 것도 모르면 누가 내 앞에 와서

빌겠느냐?"

"용하시네요. 그런데 할매도 감기 몸살에 걸려예?"

"사람들이 요사이 날 너무 귀찮게 하는 바람에 쉬지 못해 그렇다. 그건 그렇고 네 어머니가 위험하느니라."

"당산 할매가 살려 주이소."

"오냐. 굵은 작두콩이 듬성듬성 섞인 옥수수빵을 내일 해 뜨기 전에 구해 먹이거라."

상민이는 집 찬장 속의 옥수수빵을 떠올렸습니다. 옥수수빵을 만드는 것은 어머니의 특기입니다. 그런 특기를 가진 사람은 아마 마을에서 어머니 하나뿐일 것입니다. 어머니는 어제도 작두콩을 듬성듬성 섞어 옥수수빵을 쪄 주었습니다. 오늘 먹으려고 찬장 속에 몇 개 남겨 두었지요.

"안 돼예. 무슨 수로 해 뜨기 전에 그런 빵을 구해예?"

"그것은 걱정하지 마라. 내가 주겠느니라. 오늘 밤 열두 시에 이리로 나오너라. 꼭 열두 시여야 한다."

"할매도 옥수수빵을 자셨어예?"

"하무(그럼)."

"그런데 왜 아직 낫지 않으셨어예?"

"나도 이제 다 나아가느니라. 귀찮으니 이제 그만 가 봐라."

"알았어예."

정빈이는 투덜거리며 돌아갔습니다.

잠자리에 누운 상민이는 생각에 잠겼습니다. 생각할수록 고소합니다. 마을에서 당산 나무로 가자면 굴다리를 지나야 하는데, 굴다리 근처에서 귀신이 나온다는 소문이 있기 때문입니다.

'고 지지배 성깔에 안 나가고는 못 배길걸.'

가 봤자 옥수수빵은커녕 옥수수 씨앗 한 알 없을 것입니다. 헛걸음을 하려고 깊은 밤중에 무서움을 무릅쓰고 가야만 한다니 고소합니다. 정빈이가 무서워서 안절부절못하는 장면을 떠올리자 통쾌하기까지 합니다.

시계를 보니 열 시입니다.

'이제 두 시간만 있으면…… 흐흐.'

그런데 문득, 정빈이 어머니의 창백한 얼굴이 스쳐 지나갑니다. 하늘을 덮고 있는 당산 나무의 위풍당당한 모습도 떠오릅니다.

"선생님께 일러바쳤다고 고깝게 생각지 말그래이. 다 니를 위해서 그리 안 캤나. 거짓말도 자꾸 하면 버릇된대이."

청소 시간에 정빈이가 찾아와서 마음을 달래 주었지요. 생각하면 정빈이는 참 착한 아이입니다.

'그런 정빈이가 빈손으로 돌아가면 혹시 당산 할매가 나에게 화를 내는 것은 아닐까?'

그렇게 생각하니 무섭습니다. 당산 할머니가 꼭 화를 낼 것만 같습니다.

당산 할머니의 마음을 누그러뜨릴 방법이 없을까 생각했습니다. 있긴 있습니다. 옥수수빵을 열두 시 전에 당산 나무 아래에 갖다 놓는 것입니다. 그 말은 결국 상민이가 빵을 가지고 굴다리를 빠져 나가야 한다는 말인데 그렇게 하기는 죽기보다 싫습니다.

'만약 정빈이 어머니가 잘못되기라도 하면?'

가슴이 두근거리기 시작합니다. 일어났다, 앉았다, 누웠다 해 봐도 마음은 진정되지 않습니다. 빵을 갖다 놓을까, 그만둘까 수십 번도 넘게 생각했습니다. 갖다 놓자니 너무 무섭고 그냥 두자니 마음이 편하지 않습니다. 그런 말을 한 것이 후회스럽기 짝이 없습니다.

"바보 같은 것, 바보 같은 것."

머리를 쥐어박아 보지만 아무 소용이 없습니다. 시계를 보니 벌써 열한 시입니다. 이제는 망설일 틈이 없습니다. 찬장 문을 열고 옥수수빵을 집어 들었습니다. 밖으로 나가니 먹물 같은 어둠이 앞을 콱 막아섰습니다. 더듬거리며 앞으로 나아갔습니다. 머리끝이 쭈뼛쭈뼛 서고 가슴이 두근거렸습니다. 굴다리를 지날 때는 정말이지 숨이 멎는 것 같았습니다. 정빈이도 이 길을 걸어올 것을 생각하니 자신이 너무했다는 생각이 듭니다.

당산 나무 아래 평평한 돌 위에 옥수수빵을 조심스럽게 올려놓았습니

다. 비로소 안심이 됩니다. 이 일은 평생 혼자만 아는 비밀로 하겠다고 다짐했습니다.

집에 돌아오니 온몸이 땀으로 흠뻑 젖어 있었습니다.

사람이 아름답다

1. 첫 만남

바람이 불었어. 앙상한 가지 사이를 지나온 바람은 운동장 위로 내리꽂히며 흙먼지를 일으키고는 국기 게양대 옆으로 지나갔어.

난 걸음을 멈추고 들고 있던 가방을 살며시 내려놓았지. 이제 이 곳이 내가 근무해야 할 학교야. 왜 이리 낯설게 느껴질까. 몇만 광년 떨어진 별나라에 혼자 버려진 듯한 느낌이야. 여러 학교를 옮겨 다녔지만 이런 감정은 처음이야.

고개를 돌려 학교 안의 풍경을 살펴보았지. 시골 면사무소 같은 교실 건물과 옆으로 조금 비껴 앉은 나지막한 사택이 눈에 들어왔어. 작지만 깨끗한 건물이야. 운동장 가로 듬성듬성 서 있는 앙상한 가지의 플라타너스도 퍽 인상적이군. 바람결 따라 일렁거리는 가지가 마치 나에게 어서 오라 손짓하는 것처럼 보이네.

하지만 왠지 정이 가지 않아. 내가 원해서 온 곳이기는 하지만 어쩐지 멀게 느껴져. 이 곳 생활은 무척이나 힘들 것이 분명해. 아, 어쩌나? 정든 식구들을 다 떼어 놓고 세 시간이나 배를 타고 바다를 건너왔는데.

벌써부터 눈물이 핑글 도네. 도로 집으로 가고 싶어. 왜 이럴까?

- 울릉 교육청 교육장이 지정하는 초등 학교 근무를 명함 -

사령장을 받아들자마자 난 후회했어. 내가 너무 철없는 결정을 내렸나 봐.

도시 생활에 싫증을 느낀 나는 무턱대고 울릉도에 가기로 결심했지. 하지만 막상 그것이 현실로 다가오니 너무 성급한 결정을 내렸다는 생각이 들더군. 도시가 아무리 싫어도 외로움보다야 낫겠지. 돌이킬 수 없다는 생각에 가슴이 뛰네.

어쨌든 여기까지 왔으니까 우선 내가 사용하기로 한 사택으로 들어가 보기로 했어. 그런데 이상해. 자꾸만 누군가에게 감시당하고 있다는 느낌이 드는 거야. 가슴이 두근거리고 머리끝이 쭈뼛 서네. 생각해 봐. 알지 못하는 눈빛이 내 몸을 훑어 내리고 행동 하나하나를 비밀 디스켓에 저장시키고 있다면 어찌 무섭지 않겠어. 철봉대 너머 플라타너스 뒤가 수상해. 저것 봐. 나무 밑동 옆으로 검은 옷자락이 삐죽 나와 있잖아.

눈에 핏발을 세우고 한참 동안 그 곳을 쏘아보았지. 드디어 한 아이의 고개가 조금 나왔어. 나를 살피기 위해서가 분명해. 나와 눈빛이 마주치자 고개가 다시 제자리로 돌아가 버리는군.

　난 그 주인공이 누구인지 확인해 보지 않고는 견딜 수 없었어. 가방을 그대로 둔 채 플라타너스를 향해 걸어갔지. 만약 달아나면 악착같이 따라가서 누구인지, 왜 훔쳐보고 있는지 밝혀 내기로 마음먹었어.

　다행히 그림자는 달아나지 않았어. 더벅머리에 새까만 얼굴의 거지 아이야. 나를 발견하자 눈을 아래로 내리깔고 발을 들었다가 툭툭 소리내어 놓으면서 뒤꿈치로 흙을 팠어.

"넌 누구니?"

"……."

"어디 사니?"

"……."

"왜 훔쳐보고 있었니?"

"……."

　대답할 시간을 조금씩 비워 두고 이것저것 물어 보았지만 아이는 입을 열지 않았어.

　그 아이와 나 사이에 앞으로 뭔가 나쁜 일이 벌어질 것만 같은 예감에 사로잡혀 몸이 부르르 떨렸지. 틀림없이 나를 본 순간 뭔가 좋지 못한 계획을 세워 두었을 거야.

"왜 대답을 안 하니? 귀먹었니?"

나도 모르게 소리를 꽥 지르고 말았어.

아이는 나를 힐금힐금 보면서 뒷걸음질치더니 달아나 버렸어.

나는 맥이 탁 풀리며 몸에 힘이 빠졌어. 그 자리에 두 다리를 뻗고 주저앉고 싶은 마음이었지. 미리 얘기하지만 그 아이가 바로 하수야. 하수와 나의 첫 만남은 그렇게 이루어졌어.

밤이 되었어. 사택 방에 누워 있자니 바람 소리와 파도 소리가 어지러운 머릿속을 더욱 어지럽게 만들었어. 잠이 들려고 애를 썼지. 그런데 어디 그렇게 돼야지. 생각이 점점 또랑또랑해지며 온갖 공상이 다 들어. 자꾸만 아까 낮에 봤던 아이의 모습이 눈앞에 어른거렸어. 검은 피부와 유난히 반짝거리던 눈빛과 다 떨어진 옷을 입고 있던 그 모습 말이야. 피해 보려고 고개를 이리저리 돌렸지만 헛일이야.

벌떡 일어나서 불을 켜고 방 안을 서성거렸지. 한참 그러다가 다시 자리에 누웠어. 어쩌다 잠이 들었나 봐.

들길을 걷고 있었어. 수렁 속같이 어두운 길이었지만 어쨌든 들길이야.

한참 가다가 내 뒤로 검은 그림자가 따라오고 있다는 걸 깨달았지. 달아나려고 애를 썼어. 하지만 아무리 노력해도 발이 떨어지지 않는 거야. 가슴이 답답하고 등으로는 식은땀이 흘러내렸어. 그림자는 이제 곧 내 목덜미를 낚아채고 목을 내리누를 거야. 아, 어떡하지? 어떡하지?

벌떡 일어나니 꿈이었어. 아이 같으면 키가 크고 그런 꿈을 꾸었다지만 난 이미 다 커 버린 어른인 걸. 왜 그런 꿈을 꾸었을까. 아마 걱정을 너무 많이 한 탓일 거야. 그 아이 생각도 너무 깊이 했고. 어쨌든 나는 그 꿈 때문에 이 곳이 더욱 싫어졌어.

문 밖에서 바스락거리는 소리가 들리는 것 같아 귀를 세우고 숨을 죽였지. 조심해서 내딛는 발소리가 틀림없어. 누군가 내 방을 엿보고 있는 거야. 그 거지 아이일까? 아니면 다른 사람?

잠시 정신을 가다듬고 생각에 잠겼지. 무섭다는 생각밖에는 아무 생각도 나지 않았어. 무엇 때문에 내 방을 엿보는 걸까? 이런 밤중에 몰래 방을 엿보려는 걸 보면 아마 좋은 목적은 아닐 거야.

경고하는 뜻으로 방문을 와락 열었지. 사택 앞마당을 지나 교실 모퉁이를 돌아 달아나는 검은 그림자가 보였어.

앞으로 틀림없이 나에게 좋지 않은 일이 일어날 거야. 그림자가 그 아이든 다른 사람이든 상관 없어. 중요한 건 왜 밤중에 아무도 모르게 내 방을 엿보느냐는 거야.

파도 소리가 들려. 바람 소리도 들려. 몸이 으스스 떨려. 문을 닫고 방 바닥에 털썩 주저앉았지. 이제 나는 이 곳에서 살아야 해.

2. 낚시

날이 밝았어.

지난 밤의 수수께끼는 풀지 못한 채 남았지. 싫든 좋든 새로운 환경에 적응해야 해.

학교에서는 새 학년이 시작되는 때가 가장 바쁘니까 얼마 동안은 정신 없이 지낼 거야. 나에겐 그것이 오히려 다행인지 몰라.

5학년을 맡게 되었어. 키대로 줄을 세우다 깜짝 놀랐어. 어제 보았던 그 거지 아이가 눈에 띄었거든.

"하수예요. 학교에 잘 나오지 않는데 오늘은 나왔네요."

그 아이에게 관심을 보이자 옆에 있던 김 선생님이 말해 주었어.

"그래요? 그렇군요."

난 가슴이 막 떨렸어. 내색을 하지 않고 하던 일을 계속했지.

"하수야. 넌 여기 서거라."

아무렇지도 않은 듯 하수를 키에 알맞은 자리에 세우려 팔을 끌었어. 하수는 팔을 홱 뿌리쳤어.

"걘 말 잘 안 들어요."

하수가 그러는 것이 당연하다는 듯 옆의 아이가 말했어.

자, 이제 어떻게 해야 하나? 대개의 경우 처음에 버릇을 바로잡아 주지 못하면 일 년 내내 힘이 들지. 어떻게든 고집을 꺾어 놓는 게 가장 좋아. 그러나 난 포기했어. 그렇게 했다간 하수는 앞으로 학교에 나오지 않을 게 뻔했기 때문이야.

난 무시해 버렸어. 그러면서도 내내 죽었구나 생각했지. 그런 아이와 싸우다 보면 얼마 못 가 지쳐 버리거든. 하지만 어쩌겠어. 모두 내 일인 걸. 지성이면 감천이란 말도 있으니 내 쪽에서 호의를 보이면 개 마음도 돌아설 거야. 그렇게라도 위로해야 마음이 편해. 처음에는 관심이 없는 척하는 게 가장 좋지. 접근하기가 한결 쉬울 거야.

하루 이틀 지나면서 하수에 대해 많은 걸 알게 되었어. 걔네 아버지는 오래 전에 오징어 배를 타다 사고로 죽었대. 어머니는 육지 어딘가로 떠나 버리고 할머니와 단둘이 산대. 집안 살림을 꾸려 가려고 할머니는 산나물 장사를 한다는군. 산나물을 뜯어 말리고 손질해서 판다나. 어쨌든 하수를 돌볼 여유가 없나 봐. 하수는 늘 더럽고 몸에서 심한 냄새가 나지. 처음에 내가 그 애를 거지라고 말한 것, 이제 이해가 가지?

사정을 알고 나니까 하수가 조금 불쌍하게 생각되는 거 있지? 잘 돌봐 주겠다고 다짐했어. 착한 성격을 가진 아이도 나쁜 환경 속에서 사랑 받지 못하고 지내면 성격이 거칠어지잖아. 그건 메마른 세상에 자기 자신을 적응시키기 위한 자연스런 자기 방어라고 할 수 있을 거야. 난 답답

한 마음을 위로하며 애써 태연한 척했어.

다시 며칠이 지났어. 학교 식당에서 사건이 생겼어. 점심을 먹으러 온 아이 가운데 둘이 서로 하수 옆에 앉지 않으려는 바람에 싸움이 붙은 거야. 한 아이가 식판을 식탁 위에 갖다 두고 물을 뜨러 갔나 봐. 그 사이에 다른 아이가 와서 그 아이의 식판을 하수 옆자리에 밀어 놓고 자기가 그 자리를 차지하고 앉았지. 그러니 처음에 식판을 두었던 아이가 가만히 있겠어? 식판이 뒤집어지고 물컵이 날아갔어. 둘은 멱살을 잡은 채로 뒤엉켜 바닥을 굴렀지.

하수는 그깟 일에는 관심이 없다는 듯 밥 먹는 데만 열중이었어. 식판 위로 수북한 밥을 천천히 퍼먹고 있었어. 걔는 밥을 많이 먹어. 아주머니들이 걔 밥은 늘 많이 퍼 줘. 식당 안의 모든 아이들이 웅성거리며 일어서서 구경하는데 어쩜 저럴 수가 있을까 싶을 정도로 태연한 거 있지? 더구나 자신 때문에 싸움이 붙었는데 말이야.

어쨌든 나는 싸움을 말려야 했고, 그래서 가까이 갔지. 어휴, 이게 무슨 냄새야. 하수 몸에서 나는 냄새네. 정말 지독해. 식당 안의 모든 식판에서 나는 냄새도 그 냄새를 이길 수 없었어. 토할 것만 같아. 아이들이 그 옆에 앉지 않으려 하는 것도 무리는 아니야. 나도 참기 힘든데 아이들은 어떻겠어?

"너희들이 여기 앉지 않는다면……."

나는 침을 꿀꺽 삼키고 아이들을 둘러보았지.

"내가 앉겠어."

그 자리에 앉아 밥을 먹었지. 속으로는 죽을 지경이었지만 겉으로는 아무렇지도 않은 척했어.

그 일이 있고 난 뒤 하수가 나를 대하는 태도가 백팔십 도로 싹 달라졌어. 자꾸만 내 주변을 맴도는 거야. 내 말도 듣기 시작했어. 아이들 말로는 그건 굉장히 큰 변화래. 하기야 지금껏 결석을 밥 먹듯 했다니까 학교에 꼬박꼬박 나오는 것만도 큰 변화겠지.

며칠이 더 지나자 드디어 하수는 나에게 말을 걸기 시작했어.

"선상님, 낚시 좋아해요?"

하수는 낚시를 아주 좋아한대. 시간만 나면 바닷가로 낚시를 하러 가는데 무슨 고기, 무슨 고기를 잡았다며 자랑을 하는 거야. 물고기 이름을 참 많이도 주워섬기는데 난 하나도 모르겠어.

"선상님, 나랑 낚시하러 가요."

하수는 좀처럼 짬을 내지 못하는 나를 조르기 시작했어.

하루는 모든 일을 다 미루고 하수의 청을 들어 주기로 했어.

하수와 나는 물 속에 낚싯대를 드리우고 나란히 앉았지. 하필 그 날따라 파도가 심해서 낚시가 잘 되지 않는 거야. 하수는 안절부절못했어. 장소를 여기저기 옮겨 다니며 고기를 낚으려고 안간힘을 썼지만 어디 그게 생각대로 되어 주남? 난 속으로 쿡쿡 웃었지. 내가 보는 데서 큰 고기를 낚아 우쭐거려 보려는 하수의 속마음이 너무나 순진하게 생각되었거든.

"씨, 선상님이 오닝께 고기가 다 도망갔나 봐요."

하수는 누런 콧물을 손으로 문지르며 바다에 대고 욕을 퍼부었어.

"괜찮아, 하수야. 낚시란 잘 될 때도 있고, 잘 되지 않을 때도 있어. 세상일도 마찬가지지."

난 하수를 안심시키려고 노력했어.

"오늘만 잡히지 않는단 말이어요."

하수는 낚싯대를 자꾸만 건졌다 던졌다 했어. 그렇게 하니까 고기가 미끼를 물고 싶어도 물 틈이 없겠지. 이 곳에 처음 왔을 때가 떠올라. 하수와 처음 만나던 날 말이야. 그 때의 걱정이 얼마나 부질없는가 오늘에야 깨달았지. 그 날 밤의 검은 그림자도 하수가 맞대. 내가 살짝 물어 봤거든. 내가 어떤 사람인가 너무나 궁금했대.

내 마음이 열리게 된 걸 축하해. 그건 하수 덕분이야. 몸에서 늘 냄새가 나는 그 하수 말이야.

3. 빗속의 하수

나를 졸라 낚시를 다녀온 뒤로 하수는 눈에 띄게 풀이 죽었어. 내가 보는 앞에서 고기를 한 마리도 낚지 못했단 사실이 무척 마음에 걸리나 봐. 내가 보이면 자꾸만 피하는 것 같아. 그럴 필요가 없다고 말해 주어도 멋쩍게 웃기만 할 뿐 아무 말도 하지 않아. 이상한 건 요즈음 눈에 띄게 깨끗해졌다는 거야. 조금 어설픈 면이 있긴 했지만 옷도 말끔히 빨아서 입고 몸에서 냄새도 나지 않았어. 아이들도 옛날만큼 피하지 않게 되었지. 어쨌든 다행이야. 난 어떻게든 하수와 더 가까워지려고 노력했어.

소풍날 마침 좋은 기회가 왔어. 우린 바닷가를 따라 가다가 좋은 곳에 자리를 잡아 놀기로 했지. 난 하수 옆에 서서 걸었어. 한참 가다가 슬며시 손을 잡았어. 하수는 나를 한 번 힐끔 보더니 가만히 있었어. 조금 기다릴 테야. 얼굴 표정이 밝아지는 걸로 봐서 얼마 안 있어 종알종알 말을 걸어 올 것이 분명해.

내 생각이 맞아서. 다섯 발자국도 떼어 놓기 전에 말을 걸었는걸.

"선상님, 낚시 가서 고기 못 잡아 서운했지요?"

그 일이 마음에 얼마나 큰 상처가 되었길래 아직 그 생각에서 벗어나지 못하고 있을까?

"아냐. 고기는 못 잡았어도 너무 재미있었어. 난 말이야, 낚싯줄을 물속에 드리우고 앉아 수평선을 바라보고 있으면 마치 꿈을 꾸고 있는 것처럼 기분이 좋아지거든."

손을 더욱 꼬옥 잡아 주었지.

"수평선보다 바닷속이 더 아름다워요."

이제 됐어. 하수는 이야기 보따리를 술술 풀어 놓기 시작했어.

"직접 본 적이 있니?"

"그럼요. 물안경을 쓰고 들어가서 작살로 고기도 잡은걸요."

"많이 잡았니?"

"예. 팔아서 돈도 많이 벌었어요."

"돈을?"

"조합에 가지고 가면 팔 수 있어요. 문어는 산 채로 가져가면 돈을 더 많이 받아요."

"문어까지?"

나는 입을 크게 벌리고 깜짝 놀라는 시늉을 냈지.

하수는 신이 나서 막 떠들어 대는 거야. 맞장구를 쳐 주며 이것저것 묻는 걸로 관심을 표시했지. 내가 문어에 대해 궁금해하자 자세히 일러 줬어. 문어를 잡을 때는 좋은 값을 받기 위해 작살을 쓰지 않고 맨손으로 잡는데 그게 굉장히 위험하나 봐. 문어가 빨판을 손목이나 살갗 따위에 붙이기 전에 재빨리 머리 부분을 뒤집어야 한대. 그렇지 않으면 살이 찢어져도 떼어지지 않는대. 난 무슨 말인지 하나도 이해가 안 가.

"저런, 그렇게 위험하다면 난 차라리 잡지 않겠다."

하수는 '헤헤헤' 웃으며 머리를 긁었어.

이제 다 왔어. 정말 멋진 곳이군. 이 곳에 온 지 두어 달 지났지만 이런 멋진 풍경은 처음이야. 넓은 수평선 위로 고기잡이배가 떠 가고 삐죽삐죽 솟은 바위에 파도가 부딪혀 하얀 물보라를 만들곤 했어. 하늘에는 갈매기들이 끼룩끼룩 울며 날았지. 참 평화로운 모습이야. 한 가지 흠이 있다면 하늘이 잔뜩 찌푸렸다는 거야. 선생님들은 모두들 비가 올까 봐

걱정하는 눈치야.

넓은 바위 위에 자리를 잡았어. 소풍을 왔으면 놀아야 하잖아. 게임도 하고 노래도 부르고 보물찾기도 하면서. 먼저 아이들에게 자유 시간을 주었지. 모두들 즐거워 이리 뛰고 저리 뛰며 잘들 놀았지. 그걸 바라보는 것 또한 즐거운 일이야.

얼마나 시간이 지났을까. 그리 오래 되지는 않았을 거야. 음료수 한 잔 마시고, 이야기 조금 한 시간밖에는 흐르지 않았으니까. 한 아이가 뛰어와서 간담이 서늘해지는 말을 했어.

"하수가 바다에 빠졌어요."

정신이 아찔해지더니 하늘에 노란 별이 떠 다니기 시작했어.

허겁지겁 아이를 따라 뛰었지. 우리가 자리잡은 곳에서 꽤 떨어진 곳이야. 파도도 높았고 물도 깊었어. 물 속에서 머리가 쑥 올라오는가 싶더니 다시 가라앉았어. 그런데 이상해. 물에 빠진 것 같지 않아. 나를 발견하고는 손을 흔들었거든. 저런, 빠진 게 아니고 스스로 뛰어들었군.

"빨리 나오지 못해?"

나는 화가 나서 고래고래 고함을 질렀지. 놀란 가슴이 좀처럼 진정이 되질 않아.

하수는 나의 마음을 아는지 모르는지 몇 번 더 자맥질을 하고 나왔어.

"씨, 오늘은 한 마리도 안 보여요."

말투로 보아 무언가를 잡으러 들어갔나 봐. 다음부터는 절대 그런 위험한 짓은 하지 마라, 이르고는 자리로 돌아왔지.

점심을 먹고 나니 잔뜩 찌푸렸던 하늘이 기어코 한두 방울 비를 뿌리기 시작했어. 바람도 거칠어져 파도가 더 높아졌지. 아쉽긴 하지만 소풍을 마치기로 했어. 아이들은 투덜거리며 집으로 돌아갔고 난 사택으로 돌아왔어.

조금 있으니까 봄날답지 않게 깜깜해지며 장대비가 쏟아지는 거야. 대낮이 이만큼 어두운 적은 처음이야. 마치 해가 진 뒤 한참 지난 것 같아. 빗소리 사이로 바람 소리와 파도 소리가 들려. 폭풍이야. 갑자기 쓸쓸해졌어. 이런 쓸쓸한 날 가장 좋은 게 뭐게? 그건 바로 방을 따뜻하게 데워 놓고 늘어지게 낮잠을 자는 거지.

빗소리, 파도 소리를 들으며 달콤한 잠 속으로 빠져 들어갔어. 얼마나 잤을까. 꿈 속에서 누가 나를 부르는 듯한 소리가 들려. 그 소리가 정말 나를 부르는 소리란 걸 깨달은 건 한참이 지나서였어. 아직도 비는 그치지 않고 있었고 바람도 마찬가지야.

"선상니임!"

문을 여니, 하수가 서 있었어. 빗속에서 흠뻑 젖어 누런 이빨을 드러내고 함빡 웃으며 하수가 서 있었어.

"선상님 줄라고 잡아 왔어요."

문어야. 그것은 하수 손에서 벗어나려고 다리를 이리저리 꼬아가며 버둥거렸지. 오직 나를 기쁘게 해 주겠단 생각에 위험을 무릅쓰고 이런 빗속에서 덩치 큰 파도와 싸우며 잡아 온 거야.
　가슴 속에서 무엇인가 꺽꺽 올라왔어. 눈물이야. 한없이 순수한 것을 보았을 때 저절로 흘러내리는 그런 눈물 있잖아.
　사람이 아름다워. 정말 아름다워.

토끼 장례식

　종국이는 학교를 향해 터덜터덜 발걸음을 옮겼다. 가슴이 답답하고 힘이 하나도 없다. 아픈 데도 없고 아침밥도 한 그릇 뚝딱 해치웠는데 이상한 일이다.
　산 능선 위로 불쑥 솟아오른 해가 밝게 빛나고 있다. 찔레순도 목을 쑥쑥 빼고 철쭉도 한창이다. 여기저기서 힘찬 생명의 함성이 들려 오는 듯하다. 온 세상이 이렇게 술렁대고 있는데 학교에 가야 한다는 건 참 슬픈 일이다. 이제 보니 발걸음이 무겁고 힘이 없는 건 바로 학교에 가기 싫기 때문이다.
　종국이는 생각에 잠겼다. 하늘에선 햇살이 짜랑짜랑 빛나고, 산에선 나무들이 어서 오라 손짓하는데 교실로 들어가 딱딱한 의자에 앉아 있어야만 하는 현실이 무척 안타깝다. 분필을 쥔 주먹으로 칠판을 땅땅 두드리며 비례식 설명에 열중하고 있는 선생님의 모습이 눈앞에 떠오른다.

"내항의 곱과 외항의 곱은 그 값이 같다. 이해하겠나?"

수학을 생각하니 머리까지 지끈지끈 아파 온다.

골치 아픈 비례식을 배워서 도대체 어쩌자는 건지 모르겠다. 그걸 배운다고 해서 살림에 보탬이 되는 것도 아닐 테고 그렇다고 목숨이 더 길어지는 것도 아닐 것이다. 그런데 왜 굳이 그런 걸 배워야 한단 말인가.

등에 멘 가방이 더욱 무겁게 느껴진다. 그렇지만 그 무엇도 학교로 향하고 있는 이 발걸음을 멈추게 할 수는 없다. 그것은 운명과도 같은 것이다.

무슨 좋은 수가 없을까? 머리를 짜고 또 짜도 학교에 가지 않아도 좋을 핑계가 떠오르지 않는다. 그냥 두 눈 딱 감고, 하루만 학교를 빼먹을 수도 있겠으나 아무래도 내키지 않는다. 마땅한 이유도 없이 단지 가기 싫다는 이유만으로 학교에 가지 않는 것은 분명 모범 학생으로서 칭찬받을 행동은 아닐 것이다. 한편으로 생각하니 쑥쑥 자라는 찔레순과 활짝 핀 철쭉이 이유가 될 것 같기도 하다. 그런 것들을 눈여겨 살피는 것도 분명 관찰 공부가 될 것이므로.

"야! 너 아침부터 왜 그리 심각한 표정을 짓고 있냐? 무슨 걱정거리라도 있어?"

영훈이가 다가와 어깨를 툭 쳤다. 돌아보니 손에 조그마한 상자가 들려 있다.

"아니. 그런데 그건 뭐니?"

"응, 토끼야. 어제 죽었어. 묻어 주려고."

"집에서 묻지, 왜 학교까지 가져가니?"

종국이는 죽은 토끼라는 말에 얼굴을 찡그렸다.

"저 쪽 나무 덩굴 밑에 숨겨 두었다가 학교 마치고 돌아오는 길에 양지바른 산중턱에 묻어 줄 거야."

슬픔이 묻어나는 목소리다.

"아무 데나 묻어 주면 되지, 죽은 토끼가 뭘 알겠냐?"

종국이는 그런 것에는 관심이 없다는 듯 혼잣말처럼 중얼거리며 앞장 서서 걸었다.

"그런 소리 하지 마라. 나랑 얼마나 친했는지 알기나 해?"

영훈이는 무슨 보물이라도 되듯 상자를 가슴에 싸안았다.

순간 종국이의 머릿속으로 어떤 생각이 번개같이 스쳐 갔다.

"영훈아, 좋은 수가 있다."

종국이는 걸음을 멈추고 영훈이를 돌아보았다.

"무슨 수?"

"장례식을 치러 주자."

"장례식?"

"그래. 그래야 토끼의 영혼이 좋은 곳으로 갈 수 있을 게 아니겠냐? 아무렇게나 묻으면 아마 나쁜 곳으로 갈걸."

영훈이의 눈이 반짝 빛났다.

"학교는?"

"이런 멍청한 녀석! 토끼의 영혼이 천국으로 가느냐, 지옥으로 가느냐 갈림길에 서 있는 판에 학교가 문제냐?"

종국이는 그 정도면 학교에 가지 않아도 좋을 충분한 이유가 된다고 생각했다.

"선생님께서 화내실 텐데……."

영훈이도 걱정은 하면서도 솔깃해하는 눈치였다.

"네가 기르던 토끼의 영혼을 위해서야. 선생님도 이해하실 거야."

종국이는 머뭇거리는 영훈이의 팔을 끌고 산으로 뻗어 있는 오솔길로 들어섰다.

"가만있어 봐. 장례식을 치르려면 더 많은 사람이 필요해."

종국이는 둘이 노는 것보다 여럿이 노는 것이 여러 모로 좋을 것 같아 다른 아이들도 이 일에 끌어들이기로 했다. 마침 학교에 가고 있던 같은 반 아이 셋을 만나 계획을 이야기했다. 아이들은 솔깃해했으나 선뜻 따르지 않았다. 그렇다고 물러설 종국이가 아니다.

"오늘 딱 하루만이야. 우리가 어디 학교에 가기 싫어 그러냐? 불쌍한 토끼의 영혼을 위해서지."

아이들은 쉽게 흔들리지 않았다. 있는지 없는지도 모르는 토끼의 영혼보다 학교가 더 중요하다고 생각했기 때문이다.

종국이는 더욱 강력한 무기를 쓰기로 했다.

"말이 났으니 말인데 학교에 가 봤자, 선생님이 과자를 사 주니, 옛날 얘기를 해 주니, 그렇다고 그렇게 하고 싶어하는 축구를 시켜 주니? 골치 아픈 수학 문제만 잔뜩 풀게 할걸."

그 말에 아이들의 마음이 움직였다. 모두들 어깨를 축 늘어뜨리고 종국이 뒤를 따랐다. 산 오솔길을 따라 한참 갔을 때는 이미 아이들 마음속에서 불안이 말끔히 가셨다. 오히려 하루를 신나게 놀 수 있다는 사실에 들뜬 기분이 되었다. 모두들 어깨를 으쓱거리며 즐겁게 이야기를 주고받았다.

"안 그래도 학교에 가기 싫던 참이었어. 숙제를 하지 않았거든."

성진이가 고맙다는 표정을 지으며 종국이를 돌아보았다.

"뭐라고? 그럼 너는 우리가 학교에 가기 싫어 안 간다고 생각하냐? 학생이라면 숙제 같은 건 기본적으로 해야지."

종국이가 성진이의 머리를 주먹으로 한 대 쥐어박았다.

"……."

성진이는 별 말을 다 한다는 듯 얼떨떨한 표정을 지었다.

"잘 들어. 우리는 지금 학교에 무지무지 가고 싶어. 그런데 그렇게 할 수가 없어. 왜냐면 토끼의 영혼이 너무 불쌍하기 때문이야. 우리가 위로해 주지 않으면 아무도 위로해 줄 사람이 없어."

"너, 지금 그걸 말이라고 하냐?"

옆에서 잠자코 듣고 있던 기영이가 끼어들었다.

"만약 우리가 토끼를 숲 속에 버려 두고 학교로 가 버린다면 그 영혼이 얼마나 섭섭해하겠냐? 안 그래?"

종국이는 표정 하나 바꾸지 않고 말했다.

"자꾸 영혼, 영혼 하지 마라. 교회에서 배웠는데 사람이 아닌 동물에게는 영혼이 없댄다."

"무슨 소리! 그건 어디까지나 사람 쪽에서 한 판단이야. 토끼 쪽에서 말한다면 토끼 아닌 동물에게는 영혼이 없다 할걸."

"그런 이야기는 제발 그만둬! 우리가 지금 얘기해야 할 건 어떻게 하면 신나게 놀 수 있나 하는 거야."

말다툼이 길어질 것 같아 영훈이가 말렸다.

아이들은 상여를 만들었다. 먼저 나뭇가지를 꺾어 가지런히 놓고 칡

덩굴로 엮었다. 그 위에 토끼가 든 상자를 얹고 나뭇잎과 철쭉으로 정성스럽게 꾸몄다.

"우리 집 강아지가 죽었을 때도 이렇게 해 줄 수 있었는데, 아버지가 구렁에 처박아 버렸어."

그럴 듯하게 꾸며진 상여를 보며 원용이가 울상을 지었다.

"너무 슬퍼하지 마. 다 타고난 운명이 있어. 너희 집 강아지는 구렁에 처박힐 운명을 타고난 것뿐이야."

기영이가 원용이의 어깨를 툭툭 쳤다.

준비가 끝나자 종국이와 기영이가 앞뒤로 서서 가마를 들 듯 상여를 들었다. 영훈이는 버드나무 가지로 지팡이를 만들어 짚으면서 걸었다. 그 뒤를 원용이와 성진이가 고개를 숙인 채 따랐다.

"어…… 화…… 어화이…… 어화."

종국이와 기영이가 상두꾼의 소리를 흉내냈다.

"아이고, 아이고, 아이고."

영훈이, 원용이, 성진이는 곡을 했다. 그 소리는 산골짝으로 울려 퍼졌다.

아이들은 서로 경쟁이라도 하듯 더 큰 소리를 냈다. 원용이의 소리가 가장 컸다.

"아이고, 아이고."

옆의 성진이가 원용이를 힐끔 보며 물었다.

"웨얼 알 유 고잉?"

아이들은 잠시 걸음을 멈추고 한바탕 웃었다. 학교에서 배운 영어를 때맞춰 써 먹은 것이다.

장지는 양지바른 산중턱이었다. 막대기로 구덩이를 파고 상자째 묻었다. 흙을 동그랗게 쌓고 십자가를 만들어 그 앞에 묘비처럼 꽂아 두었다. 그런 다음 나란히 서서 절을 두 번 했다.

"이제 다 끝났으니 넌 그렇게 가고 싶어 못 사는 학교에 가라."

성진이가 종국이를 돌아보았다.

"목숨보다 소중한 친구들을 이 산 속에 버려 두고 나 혼자만 살겠다고 그럴 수 있냐?"

아이들은 놀기에 적당한 장소를 찾기 위해 그 곳을 벗어났다.

"지금 둘째 시간이 끝났을까?"

원용이의 말에 성진이가 해의 위치를 확인하며 중얼거렸다.

"둘째 시간은 무슨 둘째 시간. 이제 첫째 시간을 마쳤거나 아니면……."

"그런데 왜 이리 배가 고프지?"

아이들은 눈을 반짝거리며 서로 바라보았다.

"도시락부터 먼저 까 먹자."

종국이의 말에 아이들이 입을 모아 찬성했다.

"좋았어."

아이들이 잔디에 둘러앉아 도시락을 먹기 시작했다.

"웬 밥이 이렇게 맛있냐?"

"산에서 먹으니 그렇지."

"지금 교실에 들어앉아 수학 문제 풀고 있는 녀석들이 불쌍타."

아이들은 밥을 다 먹고 이제부터 무슨 재미있는 놀이를 할까 머리를 맞대고 궁리를 했다. 그 때 갑자기 왁자지껄한 소리가 들리더니 둔덕 아래서 사람들 머리가 불쑥불쑥 올라왔다.

"너희들, 달아날 생각은 아예 하지 마라."

마을 사람들을 앞세우고 온 선생님이었다.

아이들은 꼼짝없이 잡혀 가게 되었다. 고개를 푹 숙인 채 한 줄로 늘어선 모습이 마치 새끼줄에 엮인 굴비 같았다.

"우리가 여기 있는 걸 어떻게 아셨지?"

성진이가 소곤거렸다.

"이 녀석들! 지구 끝에라도 숨어 봐라. 내가 못 찾아 내나?"

선생님은 성진이에게 알밤을 먹였다.

선생님은 둘째 시간이 끝나도 아이들이 나타나지 않자 여기저기 전화를 해서 산에서 수상한 상여 소리가 났다는 것을 알아 냈고 그 길로 달려온 것이었다.

엮인 굴비들이 교실 안으로 들어서자 기다리던 아이들은 요란하게 손뼉을 쳤다. 왜 손뼉을 칠까 이상하게 생각했으나 짝의 이야기를 들으니 그럴 만도 했다. 다섯 명씩이나 결석을 하자 선생님이 남아 있는 아이들을 위로하기 위해 과자를 한 보따리 사 와서 나눠 먹게 했다는 것이다. 재미있는 옛날이야기도 연속으로 일곱 개나 들려 주었다. 물론 아이들을 찾아 나설 땐 축구를 해도 좋다고 허락했다.

"모두가 너희 덕분이야. 내 생애에 가장 멋진 아침 나절을 보냈어."

짝의 말에 종국이는 속이 부글부글 끓어올랐다.

넷째 시간이 시작되었다.

"이제 모두 왔으니까 수학책을 펼치거라. 비례식을 풀어 보자."

선생님이 붙잡혀 온 다섯 아이에게 눈길을 주며 말했다.

새로 놓은 다리

마을 사람들은 새로 놓은 다리 위에 올라섰습니다. 어른 걸음으로 서너 걸음밖에 되지 않는, 다리랄 것도 없는 다리였지만 모두들 가슴 뿌듯해했습니다.

"이젠 비가 와도 끄떡 없겠네."

한 사람이 발을 쿵쿵 굴러 보며 흐뭇한 미소를 지었습니다.

"그걸 말이라고 하나, 이 사람아. 자동차가 지나가도 아무 일 없을 걸세."

옆의 사람이 어깨를 으쓱거리며 말을 되받았습니다.

말은 그리 해도 자동차가 지나갈 일은 아마 없을 것입니다. 차가 들어오지 못하는 깊고 깊은 산골 마을이니까요. 바깥 세상에서 마을에 들어

오자면 차가 다니는 큰길에서 오솔길로 접어들어 사오 리 정도 걸어서 와야 합니다. 처음 오는 사람들은 사오 리를 걸어와도 마을이 있는가 알지 못하지요. 앞에 커다란 언덕이 버티고 있어 보이지 않기 때문입니다. 언덕 위에 올라서야 마을이 보입니다. 마을이라야 모두 일곱 집밖에 없지만.

언덕 아래에는 도랑이 하나 있습니다. 이 도랑이 큰 골칫거리였습니다. 평소에는 물이 흐르지 않다가 비만 내리면 물이 콸콸 흐르는 것입니다. 마을 사람이 바깥 세계로 통하기 위해서는 반드시 이 도랑을 건너야 했으므로 어떻게든 길을 내지 않으면 아니 되었습니다.

처음에 사람들은 도랑을 사람이 다닐 만큼 흙으로 메워 버렸습니다. 그러나 곧 물길이 생겼습니다. 사람은 메우고 물은 길을 트고……. 그 싸움은 끝이 없어 보였습니다. 결국 사람이 먼저 지쳤습니다. 그 뒤에 생각해 낸 것이 통나무 다리였습니다. 통나무 다리는 처음에는 꽤 괜찮았습니다. 조심해서 건너기만 하면 아무 일도 없었으니까요. 그러나 시간이 지나면서 문제가 생겼습니다. 이가 맞지 않아 자꾸만 건들거리게 되었고, 곧 나무가 썩어서 위험하기조차 했으니까요. 때로는 갑자기 내린 소나기에 떠내려가기도 했습니다.

마을 사람들은 어떻게 하면 더 튼튼하고 좋은 다리를 놓을 수 있을까 궁리했습니다. 그런 다리로는 콘크리트 다리가 제격이지요. 그러나 차가 들어오지 못하는 마을이라 그런 생각은 욕심에 불과했지요. 하기야 차가 들어온다 해도 그만한 돈을 댈 사람은 마을에 아무도 없었습니다.

얼마 전에 도시에 나가 살다가 추석을 쇠러 온 마을의 한 젊은이가 떠나면서, 나중에 술이나 한 잔 나누라며 마을 어른들에게 적은 돈을 내놓았습니다. 어른들은 그 돈을 먹는 데다 없애 버리기는 아깝다며 좋은 일에 쓰기로 의견을 모았습니다. 생각해 낸 것이 마을 입구의 나무 다리를 없애고 콘크리트 하수관을 묻어 새 다리를 만드는 것이었습니다.

좁은 오솔길은 작은 손수레가 지나가기에도 벅차 하수관을 옮기는 것이 큰 문제였습니다. 어떻게든 다리는 놓고 싶었기 때문에 사람들은 힘을 합쳐 하수관을 실은 손수레가 지나갈 수 있도록 길을 다듬었습니다. 그 일을 하는 데 꼬박 엿새가 걸렸습니다. 길을 다듬어 놓고 하수관을 옮겨 오는 데 또 꼬박 하루가 걸렸습니다. 어쨌든 고생고생 끝에 하수관을 도랑 안에 넣어 자리를 잡게 하고 그 위에 흙을 덮어 다졌습니다. 그렇게 놓은 다리입니다. 그러니 기쁨이 더 클 수밖에요.

"살다 보니 이런 날도 있네그려."

흰 수염이 난 노인이 한 발 뒤로 물러서서 믿어지지 않는다는 표정을 지으며 허리를 굽혀 하수관 안을 들여다보았습니다.

"객지에 나갔던 사람들이 돌아올 때 깜짝 놀라 자빠질걸요."

머리를 쪽지고 비녀를 꽂은 안노인이 흰 이를 드러내 놓고 웃었습니다.

"자빠지기 전에 다리를 놓았다고 미리 알려 주어야지요."

허리띠가 없어 새끼줄로 허리를 동여맨 아저씨가 말했습니다.

사람들이 모두들 집으로 돌아가자 다리 위에는 햇살이 내려와 놀았습니다. 산새가 지나가다가 새로 생긴 다리를 보고 뭐라고 재잘거렸습니다. 바람은 다리에 잠깐 걸터앉았다가 갈 길을 갔습니다.

그로부터 딱 사흘이 지난 저녁 무렵이었습니다. 마을 아이들이 학교에서 돌아오다가 언덕에서 멧돼지를 보았습니다. 멧돼지는 오른쪽 뒷발이 덫에 끼어 있었습니다. 누군가가 놓은 덫에 걸리자, 묶어 놓은 철사를 끊고 달아난 것이 분명합니다.

아이들을 발견한 멧돼지는 절룩거리며 언덕 아래로 달아났습니다. 아이들은 멧돼지를 쫓았습니다. 멧돼지는 다급하여 도랑으로 뛰어들었다가 다시 하수관 안으로 들어가 버렸습니다. 그 일은 눈 깜짝할 사이에 일어났습니다.

아이들은 멧돼지가 반대쪽 구멍으로 나오기를 기다렸으나 소식이 없었습니다. 궁금한 아이들은 조심스럽게 하수관 안을 들여다보았습니다. 그런데 이게 어찌 된 일입니까. 멧돼지는 하수관 가운데에서 몸이 꽉 끼어 꼼짝달싹도 못했습니다. 눈만 멀뚱멀뚱 뜨고 있을 뿐입니다.

"어른들께 알리자."

한 아이가 말했습니다.

"그래. 이 돼지는 우리가 잡은 거야."

다른 아이가 말했습니다.

아이들은 마을을 향해 바람처럼 달렸습니다.

아이들의 이야기를 들은 어른들은 모두들 다리께로 나왔습니다.

"어르신들 나누어 드실 술값으로 이 다리를 놓았더니 하늘이 이 놈을 보내 주셨군요. 잡아서 마을 잔치를 열어야겠습니다."

한 젊은이가 말했습니다.

그의 말에 흰 수염 노인이 화를 버럭 내었습니다.

"무슨 말을 그리 하나? 제 발로 마을에 걸어 들어온 짐승을 절대로 잡아서는 아니 되네. 그게 우리 조상 대대로 내려온 법일세. 저 놈의 털끝 하나 다치게 해서는 아니 되네."

다른 사람들도 노인의 말에 찬성했습니다.

산돼지 구출 작전이 시작되었습니다. 젊은이가 하수관 속으로 들어가 뒷발의 덫을 벗기고 밧줄을 다리에 걸었습니다. 한쪽에서는 당기고, 반대편에서는 밀었으나 돼지는 꿈쩍도 하지 않았습니다. 아무리 애를 써도 소용없었습니다. 너무나 꽉 끼어 있었던 것입니다. 온갖 방법을 다 동원했으나 모두 헛일이었습니다.

사람들은 이마에 줄줄 흘러내리는 땀을 손으로 씻으며 뒤로 물러섰습니다. 해가 뉘엿뉘엿 넘어가기 시작합니다. 그대로 두면 산돼지가 죽고 만다는 사실을 사람들은 너무나 잘 압니다. 모두들 얼굴만 쳐다보고 서로의 눈치만 살폈습니다.

"다리를 깨세."

마침내 흰 수염 노인이 무겁게 입을 열었습니다.

사람들은 서로서로 눈치만 보고 선뜻 나서지 못했습니다.

"아, 뭣 하는가? 다리를 깨세."

새끼줄 허리띠 아저씨가 엉거주춤한 자세를 지으며 삽으로 다리 위의 흙을 파헤칩니다. 다른 사람들도 달려들어 그 일을 도왔습니다. 곧 하수관이 모습을 드러냈습니다. 그 동안 젊은이가 집에 가서 정과 망치를 가지고 왔습니다.

"조심해서 해야 하네."

흰 수염 노인의 말에 젊은이는 정과 망치로 조심스럽게 콘크리트를 깨기 시작했습니다. 그 소리는 산을 쩌렁쩌렁 울렸습니다. 마을이 생긴 뒤 가장 시끄러운 소리였습니다. 그러나 사람들에게는 조금도 시끄럽게 들리지 않았습니다.

수달 이야기

어느 날, 신문에 수달에 관한 기사가 실렸다.

천연기념물 330호인 수달. 우리 나라에서 자취를 감추었는가? 1971년 이후 네 차례 발견. 1986년 10월 28일 서울 한강변 동호대교 부근에서 차에 치어 숨진 채 발견된 다음, 한 번도 발견되지 않음.

그 아래에 전문가의 의견도 다루고 있었는데 두 의견이 맞섰다. 그것은 우리 나라에서는 이미 멸종되었을 것이란 의견과 적어도 몇 마리는 살아 남아 종족을 이어가고 있을 것이란 의견이었다. 뒤의 의견이 조금 더 우세했지만 거의 멸종 상태에까지 이르렀을 거라는 데는 의견이 같았다. 가죽을 얻기 위해 마구 잡아, 개체수가 급격하게 줄어들었을 뿐만 아니라, 그에 따른 근친 결혼으로 유전자가 열성화되었고, 환경 오염도 심각해서 먹이가 부족하다는 것을 이유로 들었다.
　기사는 다음과 같은 말로 끝을 맺었다.

　우리는 수달을 보호해야 한다. 왜냐 하면 인간과 야생 동물의 공생 관계가 유지되지 않으면 결국 인간도 살아 남을 수 없기 때문이다.

　강원도 고성의 어느 개울가.
　아기수달 이슬이가 눈을 떴다. 밝은 햇살이 굴 속으로 가득 쏟아져 들어오고 있다. 벌써 한나절이 다 된 모양이다. 너무 피곤해 늦잠을 잤다. 수달의 세계에선 낮에 자고 밤에 활동하는 게 보통이지만 언제부터인가 그 법이 깨어져 버렸다.

　"옛날에는 먹이도 많았고, 물도 지금만큼 오염되지 않았다."
　어머니는 그런 습성의 변화를 먹이 부족과 환경 오염 탓으로 돌렸다.
　어쨌든 이슬이는 밤에는

자고 낮에 활동하는 것이 몸에 익었다.

"아, 개운해."

굴에서 나와 햇빛을 온 몸으로 받으며 기지개를 켰다.

어제 저녁만 해도 어깨가 결리고 다리가 뻐근한 게 몸살 기운이 있었다.

"아무리 노는 것이 좋다지만 몸살이 날 정도로 논다는 건 너무하지 않니? 이젠 집에서 조용히 지내는 법도 좀 배워라."

꾸지람 반 걱정 반인 어머니 말이 생각나 씩 웃었다. 어머니 말대로 하기에는 이 세상에 신기한 것들이 너무 많다. 개울둑에 피어 있는 가지가지 색깔의 들꽃, 이 나무 저 나무 옮겨 다니며 울어 대는 깃털 고운 새, 풀 잎사귀 뒤에 두 손 두 발 모으고 숨어 있는 작은 벌레와 물 속에서 반짝이는 새하얀 차돌이 자꾸만 꾀는데 마냥 집에 앉아 있을 수만은 없다. 그들과 어우러져 신나게 뛰어 놀고 나면 몸은 피곤해도 마음은 더할 수 없이 가뿐하다.

물론 어머니의 마음은 잘 안다. 무척 걱정스러울 것이다. 옛날에는 수달의 수가 한없이 많았는데 사람들이 마구 잡아 이제는 거의 씨가 말랐단다.

"너는 우리 가문의 대를 이어가야 한다. 만약 네가 잘못되기라도 하는 날엔 우리 가문도 끝장이다."

어머니는 대를 이으려면 어떻게든 목숨을 보존해야 한다고 했다. 그러기 위해서는 사람들의 눈에 띄지 않는 것이 가장 중요하다는 것이었다.

하지만 어떤 말로도 이슬이를 집에 묶어 둘 수는 없다. 오늘도 개울을 따라 멀리 보이는 언덕 너머까지 가 보기로 계획을 세워 두었다. 냇둑을 따라 달리다가 물 속으로 헤엄을 치기도 하고 힘들면 바위 위에 걸터앉아 경치를 구경하는 재미가 얼마나 좋은지, 해 보지 않은 수달은 모를 것이다.

우선 고픈 배부터 채우기로 했다. 얼마 전까지만 해도 먹이는 어머니가 꼬박꼬박 챙겨 주었으나 이젠 스스로 사냥할 수 있다. 물 속을 헤엄쳐 다니다가 버들치나 숭어, 꺽지, 퉁가리 따위의 물고기가 보이면 재빨리 앞발로 낚아채거나 입으로 덥석 물어 바위 위로 가져가 뜯어 먹었다. 돌을 들추고 가재를 잡아먹기도 했다. 강기슭에선 개구리를 잡았다. 처음엔 모든 게 서툴고 어색했지만 조금씩 익숙해졌다.

"어른이 되어 가고 있는 거다."

어머니는 먹이를 사냥하는 이슬이의 솜씨를 보며 얼굴 가득 함박웃음을 짓곤 했다.

이슬이는 물 속으로 들어갔다. 물고기들을 요리조리 따라다니다가 마침내 숭어 한 마리를 잡았다. 입에 물고 바위로 올라갔다.

"사냥 솜씨가 많이 늘었구나."

언제 왔는지 어머니가 활짝 웃으며 말을 걸었다.

"어머니 드실래요?"

"아니다. 내 건 내가 잡겠다."

어머니는 물 속으로 뛰어들며 날렵한 솜씨로 이슬이 것보다 더 큰 숭어를 잡았다. 정말 멋진 솜씨였다. 이슬이는 나중에 어머니처럼 훌륭한 사냥꾼이 되어야겠다고 다짐했다.

바위 위에 나란히 앉아 식사를 했다.

"이슬아. 너도 이제 모든 걸 스스로 판단할 만큼 자랐구나."

어머니가 사랑이 가득 담긴 눈으로 바라보았다.

"무엇보다 중요한 건……."

어머니가 잠시 말을 끊고 침을 삼켰다.

그것은 가문의 대를 이어가는 일일 것이다. 그러자면 몸과 마음이 건강해야 할 테고, 결국 조심하라는 말을 하려고 그러는 것이다.

"또 조심하라는 거죠? 명심하겠어요. 그런데 어머니, 오늘은 저 쪽 개울 아래 멀리 보이는 언덕 너머에 가 보려고 해요."

"그 곳엔 왜?"

예상했던 대로 어머니의 눈이 동그래졌다.

"궁금하거든요. 그 곳엔 뭐가 있는지 제 눈으로 직접 확인해 보고 싶"

어요."

"그래. 한창 궁금한 게 많을 나이지."

"허락하시는 거예요?"

이슬이는 믿어지지 않는다는 표정으로 어머니를 바라보았다.

"너를 마냥 붙들어 둘 수만은 없잖니?"

"얏호!"

"어딜 가든 늘 조심하거라. 늦기 전에 돌아온다는 것도 잊지 말고."

어머니의 말이 떠오른다.

'그래요, 어머니. 이 세상은 참으로 아름다워요. 하늘도 있고, 새도 있고, 풀도 있고, 조약돌도 있기에 아름다워요. 그 모든 것들이 함께 살아가기에 더욱 아름다워요. 만약 그런 것들이 없다면 얼마나 쓸쓸할까요?'

언덕이 저만큼 앞에 보인다. 얼마나 가 보고 싶었던 곳인가. 가슴이 설레기 시작한다. 과연 그 너머에는 무엇이 있을까.

발걸음을 재촉했다. 개울의 굽어지는 곳에서 벗어나 조그마한 둔덕

을 올라갔다. 풀들이 무성해 걸음이 느려졌다.

'뭔가 기가 막힌 것들이 있을 거야.'

가파른 곳에서 나뭇가지를 붙잡고 언덕 위로 발을 옮겨 놓았다. 눈앞이 확 트였다. 시골 학교 운동장만한 푸르고 평평한 풀밭이 펼쳐져 있었다. 풀밭 가로 미루나무가 서 있고 그 뒤는 넓디넓은 논이다. 풀밭에서 알록달록 고운 옷을 입은 사람들이 공놀이를 하고 있다. 아마 소풍을 나왔나 보다. 사람들을 보는 순간 가슴이 철렁 내려앉았으나 자꾸 보니 어머니의 말과는 달리 하나도 무섭지 않았다.

이슬이는 한참 동안 서서 사람들을 구경했다. 이리저리 굴러다니는 공을 따라 달리는 모습이 무척이나 신나 보였다. 그냥 돌아설까 하다가 이왕 온 김에 자랑거리도 만들어 둘 겸 풀밭만 한 번 살짝 밟아 보고 가기로 했다. 조심스럽게 앞으로 나아갔다. 조금 달리다가 뒹굴어도 보았다.

"저기 이상하게 생긴 동물이 있다."

누군가 소리쳤다.

사람들이 우르르 몰려왔다. 정말 눈 깜짝할 사이의 일이었다.

이슬이는 깜짝 놀라 달아나기 시작했다.

사람들은 악착같이 따라왔다. 거리가 좁혀지자 누가 발로 걷어찼다.

하늘이 노랗게 변하며 정신이 아뜩해졌다. 무의식적으로 뛰었다. 그 때까지 앞다리가 부러진 줄도 몰랐다. 누군가 다시 걷어찼다. 앞으로 꼬꾸라졌다. 사람들이 우 달려들어 발길질을 해 댔다.

눈을 뜨고 누웠다. 아무것도 생각나지 않는다. 푸르고 높은 하늘만 보일 뿐이었다.

"이게 무슨 짓이에요?"

한 아이가 달려오며 소리쳤다.

그제야 사람들은 발길질을 멈추었다.

다음 날 신문에 다음과 같은 기사가 실렸다. 수달을 보호해야 한다는 기사가 실린 지 닷새 만이었다.

강원도 고성의 한 개울에서 어제 오후 세 시 삼십 분쯤 수달 한 마리가 풀밭에서 사람들에게 발견되어 발로 차이고 짓밟히는 것을 한 어린이가 보고 한국동물구조협회에 신고했다. 밤 열한 시쯤 구조단이 도착했을 때 수달은 겨우 숨만 쉬고 있었다. 서울로 옮기던 중 탈진 상태까지 겹쳐 동공이 벌어지자 구조단은 영양제를 투여하는 등 갖은 노력을 기울였으나 새벽 두 시에 끝내 숨졌다.

얼마나 발길질을 당했는지 앞다리가 골절되고 장이 파열되었다. 죽은 수달은 몸무게 2.5킬로그램에 길이 80센티미터로 어른 수달의 몸무게 5~17킬로그램을 감안하면 아직 새끼인 상태였다. 야생 동물이 인간과 공생하기가 얼마나 어려운가 하는 것을 다시 한 번 보여 주는 사건이었다. 이 수달은 죽어갈 때의 고통스런 모습 그대로 박제가 되어 인간의 잔인함을 고발하게 되었다.

새와 할머니

할머니는 아파트 창문을 통해 밖을 내다보았습니다. 눈 아래에 펼쳐진 세상엔 온통 회색 집뿐입니다. 그 모습을 보고 있으니 저 많은 집 속에 정말로 사람들이 다 살고 있을까 하는 생각이 듭니다. 곰곰이 따져 보니 도저히 그럴 것 같지 않습니다. 한 집에 네 사람씩만 살아도 저것들을 다 채우기 위해서는 도대체 얼마만한 사람이 필요할까요. 온 세상 사람을 다 모아도 될 것 같지 않습니다.

할머니의 눈앞으로 고향의 풀 무성한 오솔길이 성큼 다가섭니다. 길을 걸으면 향긋한 풀 냄새가 코를 간지르지요. 으름덩굴 우거진 숲을 지나면 버섯처럼 웅크리고 앉은 고향 집이 나옵니다. 얼마나 그리운 집인가요. 지금쯤 울타리 아래서 호박이 누렇게 익어 가고 있을 것입니다.

할머니는 조그마한 빈 터라도 있으면 무엇이고 심었습니다. 집 안 텃밭엔 오이, 가지, 파, 우엉, 상추, 쑥갓, 도라지, 땅콩, 감자, 고구마로 구색을 갖춰 심었습니다. 울 밑엔 호박을 심고 집 둘레엔 옥수수를 심었습니다. 지붕 위로는 박 덩굴을 올렸습니다. 푸른 옷을 걸치고 쑥쑥 커 가는 집 뒤 오동나무와, 해맑은 얼굴로 할머니를 대하는 텃밭 식구들을 보고 있으면 야윈 팔뚝으로 힘이 올랐습니다. 아들 내외가 자가용 승용차를 타고 불쑥 나타난 것은 옥수수 수염이 고개를 내밀던 어느 날이었습니다.

"어머니, 이만큼 고생을 하셨으니 이제 편안히 사셔야죠."

아들은 함께 살자고 자꾸 졸랐습니다.

"그렇게 하세요, 어머님."

며느리도 권했습니다.

할머니는 절대로 그렇게 할 수 없다고 생각했습니다. 애써 가꾼 채소와 헛간에 매어 둔 염소, 얼마 되지는 않지만 그래도 목숨 줄처럼 아껴 오던 땅을 두고 가자니 어디로 가자는 말입니까.

"어머니, 그깟 것 다 팔아 봤자 몇 푼 되겠어요?"

"어머님, 고생 안 시켜 드릴게요. 용돈도 충분히 드릴 거구요."

아들 내외는 온갖 달콤한 말로 끈질기게 설득했습니다. 그런 말들에 선뜻 넘어갈 할머니가 아닙니다. 그런데 모든 걸 정리하고 아들의 말에 따르기로 한 것은 손자와 손녀 때문이었습니다.

"어머니, 애들이 어머니를 얼마나 보고 싶어한다구요."

그 말을 듣는 순간, 눈에 넣어도 아리지 않을 손자 손녀의 얼굴이 떠오르며 보고 싶은 마음이 울컥 치밀었습니다. 앞으로 손자 손녀 볼 날이 그리 많이 남지 않았다는 걸 아는 할머니는 더 이상 아들의 제안을 거절할 수 없었습니다. 그렇게 해서 할머니는 이 곳 아파트로 들어오게 되었습니다.

모든 걸 각오하고 들어오긴 했지만 아파트 생활은 지옥 같았습니다. 손자와 손녀는 덩치에 어울리지 않는 큰 가방을 들고 새벽에 나가서 한밤중에 녹초가 되어 돌아왔습니다. 직장 생활을 하는 아들 내외도 마찬가지입니다. 그 모습이 너무나 안쓰러워 위로라도 하려 하면, 모두들 피곤하다며 슬금슬금 자기 방으로 달아나 버렸습니다. 식구들 사이엔 도무지 대화가 없었습니다. 밥을 먹고 텔레비전을 보다가 자고 일어나 밥을 먹고 제 갈 길로 가 버렸습니다. 그런 동작은 기계처럼 정확했습니다.

할머니는 답답해서 죽을 지경이었습니다. 하다 못해 염소하고도 얼굴을 마주 대하면 이야기를 나누는 할머니였으니까요. 할머니는 그 때부터 변하기 시작했습니다. 꼿꼿이 앉아서 한 곳을 뚫어지게 바라보다가 한숨을 푸푸 내쉬기도 하고 뭘 물어도 대답도 잘 하지 않았습니다. 음식도 잘 들지 않았습니다. 할머니의 얼굴에 병색이 완연했습니다. 할머니 때문에 집안 분위기가 무겁게 가라앉기 시작했습니다. 식구들은 또 그것을 못 견뎌했습니다.

"도대체 왜 그러세요?"

아들은 얼굴을 찡그렸습니다.

"부족한 게 있으면 말을 하세요, 말을!"

며느리는 눈초리를 위로 치켜올렸습니다.

"할머니 때문에 집이 늘 편치 못하잖아요."

손자와 손녀는 짜증을 냈습니다.

여기까지 생각이 미치자 할머니는 화가 끓어올라 창문을 쾅 닫아 버렸습니다. 눈물이 핑글 돕니다. 서러워 견딜 수가 없습니다. 소파에 얼굴을 묻고 한없이 울었습니다.

얼마나 지났을까요. 해가 기울고 있나 봅니다. 창문에서 멀리 떨어진 쪽부터 어두워지기 시작합니다. 할머니는 불을 켜지 않고 먹물처럼 번져 오는 어둠을 바라보았습니다. 고향에서 살 땐 어둠이 삽짝에서 곰실곰실 흘러들었는데 아파트에선 벽에서 스물스물 기어나왔습니다.

"딩동."

초인종이 울렸습니다.

불을 켜고 문을 따 주니 아들이 들어서며 조그마한 새장을 내밉니다.

"어머니, 이 새를 기르며 위안을 삼으세요. 카나리아란 새인데 목소리가 방울 소리처럼 고와요."

아들은 새를 보살피는 방법을 자세히 설명했습니다.

할머니의 표정은 시큰둥합니다. 카나리아라니, 도대체 이름부터가 마음에 들지 않습니다. 종달새, 굴뚝새, 뻐꾸기, 딱따구리 따위의 이름은 얼마나 좋은가요.

며칠이 지났습니다. 방 안으로 햇살이 가득 쏟아져 들어옵니다. 집 안이 조용한 걸 보니 모두들 제 할 일을 하러 간 모양입니다. 할머니는 일어나지 않고 이불을 머리끝까지 뒤집어쓰고 모로 돌아누웠습니다. 막 다시 잠이 들려고 하는데 맑은 새 소리가 들려옵니다. 고향에서 논둑길을 걷다가 듣던 새 소리와 비슷합니다. 할머니의 가슴이 콩닥콩닥 뛰기 시작합니다.

살며시 일어나 베란다로 나갔습니다. 카나리아였습니다. 새장 안 횃대에서 콩콩 옮겨 뛰며 부리를 한껏 벌리고 노래를 부르고 있었습니다. 할머니는 새장 앞에 쪼그리고 앉았습니다.

"넌 목소리가 참 곱구나."

"……."

"너도 고향이 있니?"

할머니는 고향에서 아가위나무 속의 새와 이야기를 나누듯 카나리아와 이야기를 나누었습니다. 고향의 동산 이야기를 해 주었습니다. 수다쟁이 정동댁의 이야기도 했습니다. 할머니는 신이 났습니다. 자꾸자꾸 이야기를 했습니다. 헛간의 시래기와 변소 기둥에 매달아 놓은, 영감이

쓰던 쟁기와 부엌 아궁이 속에서 기어 나온 족제비 이야기까지 했습니다. 이사 올 때 뒷집에서 꾸어 쓴 밀가루 한 바가지를 갚지 못하고 와서 찜찜하다는 이야기도 했습니다.

카나리아도 할머니의 말을 잘 들어 주었습니다. 이해가 안 되는 부분에선 고개를 갸웃갸웃하다가 혀를 도르르 굴리며 새로 해 달라 조르기도 했습니다.

시간이 많이 지났습니다. 저녁 햇살이 비껴들기 시작합니다.

"어머나, 내 정신 좀 봐. 시간이 벌써 이렇게 됐네. 오늘은 그만 하자.

에미 애비 올 시간이 다 됐거든."

할머니는 마음 속으로 카나리아에게 모든 이야기를 다 털어놓으리라 다짐했습니다. 시집 올 때 키득키득 웃다가 무안당한 이야기와 지난 겨울 화로에 알밤을 구워 먹다가 재를 뒤집어쓴 이야기, 애비가 클 때 오줌을 싸서 키를 덮어 씌우고 소금을 꾸러 보낸 이야기도 할 것입니다. 그런 생각을 하니 너무너무 신이 나서 자신도 모르게 웃음이 나왔습니다.

"애들이 오기 전에 청소부터 해야지."

할머니는 먼지털이를 들고 구석구석 먼지를 털었습니다. 빗자루를 들고 쓱쓱싹싹 쓸었습니다. 걸레로 뽀드득뽀드득 닦았습니다. 세탁기를 돌려 놓고 밥을 안쳤습니다. 냉장고 안에서 반찬거리를 꺼내 맛있게 요리를 했습니다. 아들과 며느리가 안으로 들어서다가 깜짝 놀라는 모습을 그려 봅니다.

"너희들 오늘 힘들었지? 내가 저녁을 맛있게 지어 놓았다."

식구들 맞을 말을 입 속으로 흥얼거리며 여러 번 연습을 했습니다.

그 때 초인종이 울렸습니다. 그 소리는 하늘나라에서 들려 오는 종 소리만큼이나 듣기 좋았습니다.

어깨동무 동상

"탕!"

출발 신호 총 소리가 울렸다.

기범이는 용수철 튕기듯이 앞으로 달려나갔다. 이제 양보할 수 없는 한 판 싸움이 시작되었다. 너무나 많은 아이들이 동시에 출발했기 때문에 길은 온통 아수라장이었다. 밀고 밀리고 부딪히는 소란 속에서 모두들 제자리를 찾기 위해 안간힘을 썼다. 수백 명이나 되는 아이들은 길을 가득 메운 채 거대한 물결처럼 움직였다.

기범이는 떠밀리는 대로 몸을 맡기기로 했다. 물결 속에서 벗어나려고 애쓰면 힘만 소모시킬 게 뻔했다. 되도록 힘을 아껴 두었다가 때가 되면 쏟아 부어야 한다.

물결에서 벗어난 맨 앞쪽의 몇몇 아이들은 방해받을 게 없으므로 앞으로 쭉쭉 나갔다. 그 속에 용대도 언뜻 보였다. 뒷모습이긴 하지만 우승을 하기로 굳게 결심한 듯했다. 비장함마저 엿보였다.
　기범이는 서둘지 않기로 했다. 서두르면 일을 그르칠 뿐이다. 도시 한 바퀴를 도는 거리는 만만하지 않으므로 일찍 서두를 이유가 없다. 이제 곧 아이들은 일정한 거리를 유지하며 자리를 잡을 것이다. 그때 조금씩 앞서 나가도 된다.

　시에서 초등 학생을 대상으로 하는 마라톤 대회가 있을 거라는 소식을 들은 건 여섯 달 전이었다. 지난해 부임한 시장은 자신의 새 부임지가 도시 평가에서 꼴찌를 한 사실을 너무나 못마땅해했다. 도시가 깨끗한 정도, 공기나 물의 오염, 강도나 절도 및 사건 사고의 횟수, 소음, 주민들의 친절도 따위가 평가의 잣대로 쓰였는데, 꼴찌를 했다는 것은 사람들이 살아가는 환경이 가장 나쁘다는 말과도 같았기 때문이었다. 그런 곳에서 누가 살고 싶어하겠는가.
　시장은 어떻게 하면 좋은 환경을 만들어 사람들이 살고 싶어하는 도시로 바꿀 수 있을까 생각했다. 먼저 하천 주변의 노는 땅을, 시민들이 편안한 마음으로 와서 쉴 수 있는 아담한 공원으로 만들고 공원의 이름을 시민들에게 지어 보게 했다. 많은 의견이 접수되었지만 모두 개인의 입장에서 내놓은 의견이어서 받아들이기 곤란했다. 어린이들은 어린이 공원으로 하자 했고, 청소년들은 청소년 공원으로 하자 했다. 물론 어른들은 어른 공원으로 하자고 했다. 이렇게 서로 자신의 의견을 주장하다가 결론이 나지 않자 시민 대표 회의에 부쳐 더 깊은 의견을 나누었다.

"이 도시에서 갈수록 살기가 힘들어지는 것은 사람들의 마음이 순화되어 있지 않기 때문입니다. 도시가 잘 되려면 먼저 살고 있는 사람들의 마음부터 순화되어야 합니다."

회의에서는 시민들의 마음을 어린이의 마음처럼 순수하게 만드는 것이 도시를 살리는 가장 빠른 길이므로 공원에서만이라도 어린이의 마음으로 돌아갈 수 있도록 하자는 의견을 내놓았다. 방법을 토론한 끝에 어린이 마라톤 대회를 열어 우승한 어린이의 이름을 따서 공원 이름을 짓고 공원 가운데에 그 어린이의 동상을 커다랗게 세우기로 한 것이다.

기범이는 아이들을 한 명씩 제치고 앞으로 나아갔다. 맨 앞쪽의 아이들은 이미 길모퉁이를 돌아 보이지 않았다. 벌써부터 시민들이 내미는 물잔을 받아 물을 들이키는 아이들도 보였다. 길가에 빽빽이 모여선 시민들은 힘을 내라 소리치거나 손뼉을 쳤다. 그 열기가 대단했다. 중간중간 요란한 사이렌 소리와 함께 불을 번쩍거리는 경찰차와 구급차가 달렸다.

기범이는 내딛는 발걸음이 점점 가벼워짐을 느꼈다. 그 동안 쉬지 않고 열심히 연습한 덕분이리라. 숨이 턱에 닿아 한껏 찡그린 얼굴을 한 아이를 제쳤다. 그 아이는 처지는 게 기분 나쁜지 이를 악물고 따라왔다. 기범이는 싱긋이 웃어 주며 발을 더 멀리 내디뎠다. 그 아이는 조금 더 속력을 내보다가 어쩔 수 없는지 처진 채로 뛰었다. 모퉁이를 돌아가도 선두는 보이지 않았다. 꽤 멀리 간 듯했다. 아직 승부를 걸기엔 너무 이르다.

다섯 명의 아이들이 기범이와 함께 뛰었다. 용대는 선두 그룹에 속해 있는 게 분명했다. 기범이는 자꾸만 용대에게 마음이 가는 자신이 이상하게 생각되었다. 애써 마음을 돌렸다. 함께 뛰는 아이 가운데 어느 하나가 가끔씩 갑자기 앞으로 치고 나가곤 했다. 그러면 나머지 아이들이 우르르 따라가 거리를 벌려 주지 않았다. 몇 번이나 그런 시도가 이루어

졌다.

시내를 벗어난 바깥 길은 환하게 트였다. 그 곳에 들어서자 멀리 선두 그룹이 보였다. 일고여덟 명은 되는 듯싶었다. 너무 많이 떨어진 게 아닌가 하는 생각이 스쳤지만 걱정은 되지 않았다. 이대로만 뛴다면 구태여 따라잡으려고 노력하지 않아도 오래지 않아 모두들 스스로 물러나 줄 것이다.

기범이는 숨에 정신을 집중했다. 조금 거칠기는 했지만 힘든 정도는 아니다. 마음만 먹는다면 언제든지 지금보다 두 배 정도는 빠른 속도를 낼 수 있을 것이다. 선두 그룹과 둘째 그룹의 가운데 지점에서 혼자 외롭게 뛰고 있는 아이의 모습이 또렷이 눈에 들어왔다. 틀림없는 용대였

다. 발은 무척이나 가벼워 보였지만 그 모습이 어쩐지 어두워 보였다. 왜 그럴까?

학교에서 연습할 때 기범이는 용대와 엎치락뒤치락했다.
"기록을 보면, 우리 학교에서 우승자가 나올 가능성이 매우 크다. 희망을 가지고 더욱 열심히 연습하거라."
선생님이 가리키는 우승자란 아마, 기범이나 용대를 두고 하는 말일 것이다. 마라톤 부원 일곱 명 가운데 둘의 기록이 가장 좋으니까.
연습을 한 지 석 달쯤 되었을까, 어느 날 밤에 기범이는 어머니 심부름으로 변두리 마을에 가게 되었다. 자전거 도로를 걸어가는데, 저 멀리 힘겹게 달려오고 있는 한 아이의 모습이 희미한 가로등 불빛 아래 보였다. 꼭 용대인 것만 같아 얼른 가로수 뒤로 몸을 숨겼다. 용대가 맞았다. 용대 뒤에서 용대 아버지가 자전거를 타고 따라오며 소리를 지르고 있었다.
"어서 뛰엇! 마음을 다잡지 않으면 기범이를 이길 수 없어! 네 동상이 공원 한가운데 서 있는 모습을 상상해!"
기범이는 용대가 아무도 모르게 아버지와 함께 따로 연습을 하고 있는 줄 몰랐다. 뭔가 속은 듯한 느낌이 들었다. 그 때 용대를 꼭 이기고야 말리라는 결심을 했다.
시간만 나면 용대는 기범이 근처를 얼쩐거리면서 기범이가 학교에서 하는 연습 말고 따로 연습을 하지 않는가 캐물었다.

"네가 따로 연습을 하고 있는 모양이지?"

기범이는 용대의 마음을 슬쩍 떠보았다.

"아, 아냐. 연습은 무슨 연습……. 학교에서 하는 연습만 해도 피곤해 죽을 지경인걸."

예상대로 용대는 손사래까지 치며 완강히 부인했다.

아이들 사이에 이번 마라톤 대회에서 용대가 우승할 거란 소문이 쫙 퍼졌다. 결국 공원은 '용대 공원'이 될 것이며 공원 가운데에는 용대의 동상이 우뚝 서게 될 것이라는 것이다. 그럴수록 기범이는 이를 악물었다. 더욱 물러설 수 없는 한 판 승부가 될 터였다.

그 때부터 기범이도 따로 연습을 했다. 일부러 어려운 산길을 택했다. 새벽에 일찍 일어나 아무도 모르게 산 밑으로 가서 중턱에 있는 절까지 뛰어 올라갔다. 그것은 정말이지 지옥 훈련이라고 해도 좋을 만큼 힘든 훈련이었다. 그래도 그 연습을 빠지지 않고 두 달 정도 했다.

대회를 한 달 앞 둔 어느 날 용대에게 큰 일이 생겼다. 아버지가 교통사고로 갑자기 세상을 떠난 것이다. 아이들 사이에선 용대가 대회에 출전하지 않을 거란 소문이 떠돌았다. 그러나 용대는 시합에 나가기로 마음을 굳힌 게 분명했다. 아버지의 장례를 치르고 열흘쯤 지난 어느 날 달밤에 용대가 들길을 혼자 달리고 있는 걸 보았다는 소문이 들렸다. 그 무렵 기범이는 산에서 하던 연습을 그만두었다.

절반을 넘어서는 지점을 지났다. 기범이는 점점 더 속력을 내었다. 함께 달리던 아이 가운데 두 명이 악착같이 따라왔다. 숨소리로 보아 기범이의 상대는 아니지 싶었다. 곧 그들이 떨어져 나갔다.

선두는 다시 두 그룹으로 나뉘어졌다. 용대는 어느덧 앞쪽 그룹에 속해 있었다. 저 정도 거리라면 이삼 분 안에 따라잡을 수 있다는 자신감이 생겼다. 발걸음이 더욱 가벼워졌다. 구경하고 있던 사람들이 손뼉을 크게 쳐 주었다. 어떤 사람이 물을 컵에 따라 내밀었다. 한 컵 받아서, 마시지는 않고 머리에 부었다.

둘째 그룹을 따돌렸다. 이제 남은 것은 앞에 뛰고 있는 용대를 포함한 네 명의 아이들뿐이다. 갑자기 용대가 앞으로 치고 나갔다. 다른 세 명의 아이들도 안간힘을 내어 용대를 따라붙었으나 용대는 사이를 점점 크게 벌릴 뿐이었다.

기범이는 어렵지 않게 세 명을 제쳤다. 이제 남은 건 용대뿐이다. 오늘 시합은 멋진 승부가 될 거라는 예감이 들었다. 그 예감은 아마 맞을 것이다. 용대가 힐끗 뒤를 돌아보았다. 그 순간 눈길이 마주쳤다. 용대의 얼굴은 많이 일그러져 있었다. 용대와 거리가 오륙 미터로 좁아졌을 때는 이미 뒤에 따라오고 있던 아이들의 모습이 보이지 않을 정도로 멀어졌다.

기범이는 마지막 스퍼트 지점을 우체국 앞으로 잡았다. 거기서부터 결승점까지는 일 킬로미터밖에 되지 않는다. 그 때까지는 용대와 이 정도 거리를 유지하리라 마음먹었다. 용대가 더욱 속력을 내었다. 거리가 더 벌어지면 안 되겠기에 기범이도 속력을 내었다.

우체국 앞을 지날 때 기범이는 제비처럼 날쌔게 용대를 앞질러 뛰었다. 용대가 이를 악물고 따라붙어 좀처럼 사이를 벌릴 수 없었다. 몇 번이나 엎치락뒤치락했다. 결승점을 이백여 미터 남겨 놓고 이미 승부가 났다. 용대가 십여 미터 뒤로 처지기 시작한 것이다. 그 정도라면 뒤집기가 어려울 것이다.

이제 결승점이 삼십여 미터로 가까워 왔다. 뒤를 돌아보니 용대가 정말 힘겹게 달려오고 있었다. 그 순간 용대의 모습이 갑자기 자전거를 탄 용대 아버지로 보였다. 이상한 일이었다. 이유를 알 수 없었다. 문득, 동상의 주인공은 용대여야 한다는 생각이 스쳤다. 짧은 순간, 오만 가지 생각이 다 들었다. 양보해야 한다, 그럴 수 없다, 해야 한다, 안 된다. 기범이 자신도 자신의 마음을 종잡을 수 없었다.

이제 결승점이 십여 미터밖에 남지 않았기 때문에 정말로 망설일 틈이 없었다. 기범이는 발을 접는 척하면서 앞으로 꼬꾸라졌다. 용대가 결승점을 통과하면 일어날 생각이었다. 그런데 가까이 온 용대는 뜻밖에도 기범이를 일으켜 세우더니 팔을 자신의 어깨에 걸치고 달리기 시작했다. 기범이는 끌려가다시피 뛰었다. 이런 상황은 전혀 예상하지 못했다. 어쨌거나 십여 미터를 어깨동무를 한 채로 뛰었다. 마지막 순간에

기범이는 용대의 손을 내리고 등을 살짝 밀었다. 용대가 먼저 결승점을 통과했다.

모여 선 사람들이 웅성웅성했다.

기범이는 홀가분한 마음이 들었다. 비록 우승을 하지는 못했지만 우승한 것 못지않게 기분이 좋았다. 이제 공원 안에는 용대의 동상이 커다랗게 자리잡을 것이었다.

　급하게 시의회 회의가 소집되었다. 의원들은 공원의 이름과 동상에 대해 진지한 의견을 나누었다. 그 결과를 시상식장에서 시장이 밝혔다.

　"우리는 공원 안의 동상을 어깨동무 동상으로 세울 것입니다. 공원 이름은 어깨동무 주인공들의 이름을 참고해서 여러분이 지어 주시기 바랍니다."

아침 햇살 오르거든

　스님은 부스스 눈을 떴습니다. 창살문이 조금씩 밝아 오고 있습니다. 온몸이 뻐근하고 무겁습니다. 어제 먼 길을 다녀온 탓입니다.
　며칠을 두고 벼르던 탁발을 어제 다녀왔습니다. 쌀이 다 떨어졌기 때문이지요. 이 암자에 혼자만 산다면 한 사나흘쯤 참을 수 있는데, 아이가 있으니 그럴 수는 없었습니다. 그래서 산을 내려갔습니다.
　이 곳에서 가장 가까운 마을이 삼십여 리나 됩니다. 키 작은 관목 숲을 헤치고 길 없는 길을 따라 내려가면 네 집이 모여 사는 작은 마을이 나오지요. 그 곳 사람들은 가난하기 때문에 탁발을 하려면 큰 마을로 가야 하는데, 그러자면 다시 십여 리를 더 걸어야 하지요. 그렇게 하여 어제는 꼬박 팔십여 리를 걸었습니다. 이 골목 저 골목 쏘다닌 거리까지 합치면 그것보다 훨씬 더 먼 길이었지요. 돌아오는 길엔 무거운 짐을 한 짐 잔뜩 지고 왔으니 몸이 뻐근하고 무거운 것도 무리는 아닐 것입니다.

방에서 나와 암자 옆 작은 언덕으로 갔습니다. 그 곳에 서면 건너편 계곡이 한눈에 보입니다. 허리를 쭉 펴고 아래를 내려다보았습니다. 계곡은 보얗게 피어오르는 안개와 거무스레한 어둠 속에 자신의 본모습을 감추고 있습니다. 고개를 돌리니 눈 가득 검은 나무들이 다가섭니다. 줄기와 잎과 가지가 하나의 그림자로 보입니다. 고개를 숙인 채 두 손을 모으고 기도하며 서 있는 사람의 모습과 비슷합니다.

그렇습니다. 눈앞에 보이는 모든 것들이 기도를 하고 있습니다. 산도, 나무도, 개울도, 송이버섯처럼 웅크리고 앉은 작은 암자도……. 보얗게 피어오르는 안개는 그들이 사른 향불 연기일 것입니다. 가끔씩 나무에서 나는 '뚝뚝' 소리는 물론 중얼거리는 입속말일 거고요.

문득 새벽 예불을 드려야 한다는 데에 생각이 미칩니다. 바삐 언덕을 내려가다 걸음을 멈추었습니다. 오늘 예불은 걸러야겠다는 생각이 든 것입니다.

"예끼! 이 게으른 녀석!"

부처님의 호령 소리가 귓가에 맴돕니다. 어깨가 움찔 떨립니다.

"나무라시려면 나무라시지, 뭐!"

예불을 드리지 않기로 마음을 굳힙니다. 언덕을 내려와 개울을 따라 걸었습니다.

"온 세상에 두루 평화가 가득하게 하소서."

개울물 소리가 유난히 크게 들립니다. 그 소리도 기도 소리일 것입니다. 슬픔에 잠겨 있을, 이 세상의 그 누군가를 위해 밤새워 드리고 있는 기도 소리일 것입니다. 잠을 실컷 자고 일어나 투정을 부리고 있는 자신이 문득 부끄럽습니다.

"세상의 모든 사람이 서로 의지하며 사랑하게 하소서."

입 속으로 조그맣게 중얼거려 봅니다. 정말로 그렇게 되었으면 좋겠습니다. 탁발을 나가서 본, 고생하며 사는 사람들의 모습이 늘 가슴 한편에 슬픔으로 자리잡고 있던 터입니다.

한참 더 내려가다가 발길을 돌려 암자로 돌아왔습니다. 아이가 쓰는 방 앞에 섰습니다. 앙증스런 고무신 두 짝이 조금 흐트러진 채로 댓돌 위에 놓여 있습니다. 허리를 굽혀 가지런히 놓습니다. 요즈음, 녀석의 영혼이 갓 내린 눈처럼 깨끗하다는 걸 문득문득 느끼곤 합니다. 그래서 깜짝깜짝 놀란 적이 한두 번이 아니었지요. 생각할수록 아이가 대견합니다.

녀석과 처음 만난 날이 떠오르는군요. 녀석과 만난 지도 벌써 강산이 한 번 변한다는 세월이 되었습니다. 겨울 채비로 양식을 마련하기 위해 탁발을 하고 있었지요. 누구에게나 마찬가지겠지만 특히 산 속 깊이 사는 사람에게는 겨울을 날 양식이 무척 중요합니다. 눈이 내리면 꼼짝할 수 없거든요.

어느 마을 구석진 자리의 공터를 지날 때였습니다. 어디선가 아기의 울음 소리가 들렸습니다. 다가가 보니 태어난 지 하루도 채 되지 않은 듯한 갓난아기가 강보에 쌓인 채로 나무 밑 의자 위에서 울고 있었습니다. 처음에는 누군가 볼일을 보려고 그 곳에 잠시 뉘여 놓은 거라 여겼습니다.

어서 와서 데려가기를 기다리며 멀찍이 떨어져 앉아 지켜보았지요. 한 시간, 두 시간, 시간은 자꾸 흘러가는데 데려가는 사람은 없었습니다. 지나가는 사람은 더러 있었지만 아무도 거들떠보지 않았습니다. 마침내 해는 넘어가고 하늘에선 하얀 눈발이 날리기 시작했습니다.

아기를 데려가기로 했습니다. 아기와 이어져 있는 질긴 인연의 끈을 느꼈기 때문이지요.

강보 안에서 작은 쪽지가 나왔습니다.

'만약 이 아이를 발견하시는 분이 있다면 거두어 주십시오.'

"발견하시는 분이 없다면 버리기도 할 작정이었남?"

스님은 작은 소리로 투덜거리며 아기를 안고 밤길을 걸어 암자로 돌아왔습니다. 벌써 십여 년 전의 일입니다.

"에헴!"

스님은 큰기침을 했습니다.

안에서는 여전히 기척이 없습니다. 보통 때 같으면 문이 열리며 맑은 목소리의 인사말이 떼구르르 굴러 나올 텐데요.

스님은 아이를 깨우지 않기로 했습니다. 지난 저녁, 잠이 늦었던 게지요. 예불도 거르기로 했으니까 실컷 자도록 내버려 둘 작정입니다.

암자의 옆 모퉁이를 돌아갔습니다. 널찍한 텃밭 가득 갖가지 채소가 어둠을 헤치고 조금씩 모습을 드러내고 있습니다. 오늘은 고춧잎을 훑어 삶아 말릴 생각입니다.

참 고맙습니다. 모든 게 다 고맙지만 특히 밭이 고맙습니다. 지난 봄부터 지금껏 참 많은 시간을 그 곳에서 보냈지요. 아이와 함께 호미를 들고 흙을 쪼고 있으면 자신이 자연의 한 부분이라는 생각이 들어 참으로 기뻤습니다.

"스님."

일을 하다 때때로 아이는 허리를 펴고 스님을 부르며 손가락으로 무엇인가를 가리켰습니다. 하늘을 가리킬 때도 있었고 나무나 풀꽃을 가리킬 때도 있었습니다. 정말이지 아이가 가리킨 하늘은 더할 나위 없이 맑고 푸르렀으며 나무와 풀꽃은 투명한 모습으로 가슴 안에 한 발짝 다가서곤 했습니다. 아이는 아름다운 것을 보았을 때 자연스레 이는 마음 속의 감흥을 그런 식으로 표현했습니다.

아이가 알고 있는 말은 아주 적습니다. 스님이 아이에게 가르친 말은 둘만의 생활에 꼭 필요한 말뿐이었으니까요. 또 둘 사이에는 그리 많은 말이 필요하지 않았으니까요. 사실, 말이란 게 그리 중요한 게 아닙니다. 예를 들면 '하늘'이란 말은 말보다 있는 그대로의 하늘로 족하고, '아름답다'는 말은 그냥 가슴으로 아름답다고 느끼면 될 테니까요.

이 깊은 암자에는 찾아오는 사람이 없습니다. 아이가 이만큼 크도록 만난 사람이라고는 몇 해 전 약초 캐러 왔다가 길을 잃어 잠깐 들린 노인 둘뿐입니다. 그런 사실도 말이 필요 없을 한 가지 이유가 될 듯합니다.

풀과 나무가 흙의 품 속에서 생명의 싹을 틔우듯, 벌과 나비가 꽃의 향기를 맡고 힘을 얻듯, 그렇게 자라나기를 바랐습니다. 거름도 필요 없고 김을 매지 않아도 될 것입니다. 물론 꿀을 떠서 좋은 그릇에 담아 먹여 줄 필요도 없을 거고요. 말하자면 있는 그대로 그냥 살아가게 하는 거지요.

스님은 흙을 한 줌 집어 위에서 아래로 흘려 보냅니다. 부드러운 흙의 감촉이 기분 좋게 느껴집니다. 지금껏 밥상에 오른 호박, 오이, 가지, 고추, 시금치, 배추, 무, 당근들은 이 흙이 거두어 키웠습니다. 쌀을 제외한 먹을거리는 모두 이 밭에서 얻었지요.

잠시, 앞으로 할 일을 떠올려 봅니다. 무말랭이와 시래기를 만들어야 하고, 고들빼기 김치도 담가야 합니다. 산초장아찌도 준비해야 하고, 고추와 깻잎도 삭혀야지요. 산나물은 지난 봄에 충분히 말려 두었으니 걱정 없습니다. 쌀도 어제 꽤 많이 구해 놓았으니 이제 서너 번 더 탁발을 다녀오면 될 것입니다. 그 정도만 준비되면 겨울 동안 이 암자에서 왕처럼 살 수 있지요. 그런 생각을 하니 이 곳 생활이 무척 편안하고 행복하게 느껴집니다.

어제 집을 나서기 전, 지난 여름 광에 치워 두었던 옹기그릇을 꺼내어 장독대에 옮겨 놓았던 사실이 문득 생각납니다. 보얗게 쌓인 먼지를 털어 내고 깨끗이 씻어 줄줄이 세워 놓고 흐뭇한 눈길로 바라보았지요. 그리고 옆에 서 있는 아이에게 말했지요.

"아침 햇살 오르거든 뒤집어 놓거라."

물기를 빼기 위해 거꾸로 엎어 놓은 것을 바로 놓으라는 것이었지요. 며칠 동안 햇살을 담아 두었다가 옹기그릇으로 사용해야 무엇을 담든 맛이 익는 법입니다.

스님은 천천히 걸어 장독대로 갔습니다. 그런데 이게 어떻게 된 일입니까. 그릇들은 모두가 하나같이 겉과 속이 뒤바뀌어 뒤집혀 있습니다. 옹기그릇에 남아 있는 쭈글쭈글한 주름이 아이가 옹기그릇을 뒤집을 때의 모습을 생생하게 떠오르게 해 줍니다.

스님은 무슨 영문인지 몰라 어리둥절한 채 서 있었습니다. 어떻게 이런 일이 가능할 수 있을까요? 옹기그릇을 깨뜨리지 않고 양말 뒤집듯 뒤집을 수 있다는 말을 들어 본 적이 없습니다. 두근거리는 마음을 찬찬히

가다듬었습니다.

문득, 어느 노스님에게서 들은 이야기가 떠오릅니다.

"마음에 털끝만한 의심도 없다면 무엇이든 다 이루어지리라."

노스님은 의심을 버리기 위해서 부처의 마음이 되어야 한다고 덧붙였지요. 아이는 '뒤집다'는 말을 아래와 위의 위치를 바꾸어 놓는 게 아니라 안과 밖을 바꾸어 놓는 것으로 알아들었음이 분명합니다.

"그래도 그렇지."

도무지 그 사실이 믿어지지 않아 혼란스럽습니다. 어떻게 해야 할지 얼른 판단이 서지 않습니다.

"나무관세음보살."

스님은 손을 모으고 고개를 숙였습니다.

암자 앞마당으로 나왔습니다. 하늘을 보았습니다. 파란 하늘빛이 드러나고 있습니다. 고춧잎을 따서 말리기로 한 계획을 바꾸어 오늘도 다시 탁발을 나가기로 마음을 굳혔습니다.

서둘러 아침 공양을 준비합니다. 아이가 들어와 인사를 하고 나갑니다. 밖에서 마당을 쓰는 비질 소리가 사그락사그락 들립니다.

"마음에 털끝만한 의심도 없다면……."

생각하면, 지금껏 살아온 세월이 의심의 덩어리였지요. 마음 닦는 공부가 잘 되지 않았던 까닭도 모두 의심 때문이었을 것입니다. 의심을 버리기로 했습니다. 마음 속의 안개가 걷히는 듯한 느낌이 듭니다.

아침 공양을 마치고 바랑을 챙겨 밖으로 나왔습니다.

"따라오너라."

스님은 아이를 데리고 장독대 앞으로 갔습니다. 손가락으로 옹기그릇들을 가리켰습니다.

"아침 햇살 오르거든……."

스님은 침을 꿀꺽 삼키고 말을 이었습니다.

"저 옹기그릇을 처음대로 뒤집어 놓거라."

"예."

아이는 두 손을 모으고 절을 했습니다. 스님은 종종걸음으로 산을 내려갔습니다. 장삼자락이 나비의 날개처럼 나풀거립니다.

자장면

1. 반편이 김씨

　김씨는 허리를 펴고 콩밭 골을 돌아보았습니다. 잡초가 말끔히 제거되어 말쑥합니다. 기분이 개운합니다. 조금 떨어진 곳에서는 아내가 밭을 매고 있습니다. 아내가 지나온 자리도 산뜻하게 드러나 있습니다. 김씨는 손등으로 이마의 땀을 닦으며 웃음지었습니다.

　밭골은 모두 열두 골인데 김씨와 아내는 각각 여섯 골씩 맡았습니다. 아침 나절에 세 골씩 매었고 이제 반 골쯤 매었으므로 두 골 반씩만 남은 셈입니다. 무슨 수를 써서라도 해가 지기 전까지는 끝마쳐야 합니다. 예상하지 못했던 비가 이틀씩이나 내려서 일이 많이 밀렸습니다.

　김씨는 다시 쪼그리고 앉아 밭을 매기 시작했습니다. 밭 매는 일이 참 재미있습니다. 무슨 일이건 김씨에겐 재미있고 즐겁습니다.

　사람들은 김씨를 반편이라 부릅니다. 늘 그렇게 부르는 것이 아니고 가끔씩 그렇게 부릅니다. 반편이란 좀 모자라는 사람이란 뜻입니다. 사람들이 자신에게 반편이라고 해도 김씨는 화가 나거나 속상하지 않습니다. 왜냐 하면 그것이 당연하다고 생각하기 때문입니다.
　사람들이 자신에게 아무리 반편이라고 해도 한 번도 해로운 일이 생기는 경우를 당해 보지 않았습니다. 좋은 일이 생기기는 했습니다. 우현이가 학교에서 백 점을 받아 오거나 공짜 막걸리가 한두 사발 생기는 경우가 그런 경우입니다. 떡이 생긴 때도 있었습니다.

김씨는 이 깊은 산골짜기 마을이 한없이 고맙고 편안합니다. 마을이라야 차도 들어오지 않고, 여섯 집만 여기저기 드문드문 떨어져 있는 마을이랄 것도 없는 마을이지만 말입니다.

김씨는 이 곳에서 태어나 서른여섯 해를 살았습니다. 그 동안, 단 한 차례를 제외하면 바깥 세상으로 멀리 나가 본 적이 없습니다. 한 번 나가 본 그 바깥 세상도 삼십여 리 떨어진 읍내일 뿐입니다.

김씨가 열 살 때, 그러니까 꼭 김씨의 아들 우현이만 할 때 이웃집 아이가 낫으로 나무를 다듬고 있는 모습을 앞에서 구경하고 있다가 눈동자를 찍혀 먹물이 터지는 바람에 읍내에 있는 병원에 다녀왔습니다. 그 때도 김씨의 아버지는 '됐다'며 한사코 보내지 않으려 했는데 아이의 아버지가 막무가내로 데려갔습니다. 그 일 덕분에 김씨는 읍내 구경을 했습니다. 비록 한쪽 눈을 잃기는 했지만 말입니다.

하기야 바깥으로 나갈 일이 별로 없기는 합니다. 필요한 것은 마을에도 거의 다 있습니다. 아주 가끔씩 읍내에 가야만 하는 일이 생길 때도 있지만 그 일들은 모두 이웃집 이씨와 마을 이장이 대신 봐 줍니다.

바깥으로 나가지 않는 것은 김씨의 아내도 마찬가지입니다. 이웃 마을에 살다 스무 살에 김씨에게로 시집 온 아내는 벙어리입니다. 말을 할 수 없어서 멀리 갈 기회가 없었는지도 모릅니다. 어쨌든 김씨의 아내는 한 번도 읍내나 읍내보다 먼 곳에 가 본 적이 없습니다.

김씨의 아내가 김씨보다 조금 앞서 가고 있습니다. 김씨는 뒤지지 않으려고 더 부지런히 손을 놀렸습니다. 오금이 저리고 어깻죽지가 뻐근합니다. 아무리 반편이인 김씨라지만 그런 것쯤은 쉽게 이길 방법을 갖고 있습니다. 그건 바로 먹는 걸 생각하는 것입니다.

김씨는 다른 사람들보다 더 많이 먹고 더 자주 먹습니다. 김씨는 먹는 일이 참으로 즐겁습니다. 무엇이든 먹고 있을 때에는 기분이 너무 좋아 하늘에 붕 떠 있는 것 같습니다. 먹는 걸 생각하고 있을 때에도 마찬가지입니다. 먹는 걸 생각하며 일을 하면 하나도 힘이 들지 않습니다.

김씨의 머릿속으로 커다란 시루떡이 둥실 떠올랐습니다. 그러고 보니 시루떡을 먹어 본 지도 몇 달이나 지났습니다. 김씨의 집 건너편에 사는 감골 할머니의 시아버지 제삿날 먹어 보고는 먹지 못했습니다.

시루떡은 김씨가 가장 좋아하는 음식입니다. 지난 겨울, 김씨의 아내는 김씨를 위해 시루떡을 한 시루 쪘습니다. 그 날 김씨는 일도 나가지 않고 들락날락하며 떡을 먹었습니다. 아침 햇살이 오를 무렵에 한 떡은 해가 지기 전에 동이 났습니다.

김씨는 시루떡 말고, 이 세상에서 가장 맛있는 음식이 무엇일까 생각해 보았습니다. 그런 음식은 아직 없습니다.

한 골을 막 마쳤을 때, 박씨 영감이 헐레벌떡 달려왔습니다.

"어이, 김씨. 경운기 시동이 걸리지 않네."

"왜 그라쥬?"

김씨는 허리를 쭈욱 펴고 박씨 영감을 바라보았습니다.

"아이, 이 사람아. 내가 그걸 알면 이렇게 달려왔겠나?"

"그럼 우리 경운기 갖다 쓰세유."

"언제 고쳐도 고쳐야 할 것 아닌가? 자네가 고쳐 주게. 대구 사는 우리 딸이 왔는데 떡도 해 왔네."

김씨는 슬그머니 호미를 제자리에 두고 밭골 바깥으로 나왔습니다. 아내가 흘깃 바라보자 손짓으로 박씨 영감 경운기 고쳐 주러 가도 좋으냐 물었습니다. 김씨의 아내는 웃으며 고개를 끄덕였습니다. 김씨의 요구를 한 번도 거절한 적이 없는 아내입니다.

김씨는 박씨 영감의 뒤를 따라 걸었습니다. 결코 떡 때문이 아닙니다. 그것이 결국 자신의 일임을 김씨는 너무나 잘 알고 있습니다. 마을에선 무엇이든 고장이 나면 김씨를 불렀습니다. 김씨의 손재주는 믿을 만합니다.

경운기는 해가 넘어가서야 다 고칠 수 있었습니다. 중간중간에 떡을 세 번 먹었습니다. 매다 만 콩밭은 나중에 아내와 한 골씩 나누어 마저 매었습니다.

2. 고마운 벌

아침부터 매미가 귀가 찡하도록 울어 댔습니다.

김씨는 고추밭에서 고추를 돌보고 있습니다. 이제 만물이 막 익기 시작해 곧 수확을 할 수 있을 것입니다. 목돈을 만지게 해 주는 고추는 생각할수록 고마운 존재입니다. 김씨는 고추 때문에 별 부족함 없이 살아가고 있습니다. 하지만 고추는 심고 가꾸어 따서 말리기까지 여간 많은 손을 필요로 하는 게 아닙니다. 한창 바쁠 때는 우현이까지 끌어들여야 합니다. 어린것이 무어 그리 큰 도움이 될까마는 일손이 아쉬울 때는 날아가는 까마귀의 손까지 빌리고 싶은 심정이지요.

우현이에게는 주로 고추 따는 일을 시키지만 잘 하려 하지 않습니다. 마지못해 하는 일이 능률이 오를 리 없습니다. 그러면 김씨는 우현이를 달랩니다. 새총을 만들어 주겠다고 하거나, 감자를 구워 주겠다고 하면 우현이는 제법 말을 잘 듣습니다.

이런저런 생각에 분주한데 밭둑 아래서 사람 기척이 났습니다.

"이봐, 김씨. 큰일났네, 큰일났어!"

손사래를 치며 달려온 사람은 또 박씨 영감이었습니다.

"왜 그러쥬? 갱운기가 다시 말썽이유?"

"그게 아닐세, 이 사람아. 규명이 아부지가 논둑 풀을 깎다가 벌에 쏘여 뒤로 벌렁 자빠졌는데 정신을 못 차리고 있네."

규명이 아버지라면 옆집에 사는 이씨입니다.

"된장을 발라 주쥬."

"그래도 안 되니까 이렇게 달려온 게 아닌가? 아무래도 자네가 읍내 병원에 데불고 가 봐야겠네."

김씨는 그제야 사태가 매우 심각함을 눈치챘습니다.

김씨가 급하게 집으로 돌아와 경운기 시동을 거는 동안 사람들은 경운기 위에 자리를 깔고 이씨를 눕혔습니다. 이씨 옆에 박씨 영감이 쪼그리고 앉았습니다. 발을 동동 구르는 이씨 아내를 억지로 떼어 놓고 경운기가 출발했습니다.

김씨는 이씨에게 아무 일도 일어나지 않을 거라 굳게 믿었습니다. 왜냐 하면 벌에 쏘여 죽은 사람은 아직 한 번도 보지 못했기 때문입니다.

읍내에 들어서니 차들이 분주히 다니고 있습니다. 김씨는 눈이 휘둥그레졌습니다. 한참 가다가 어디로 어떻게 가야 할지 몰라 한쪽으로 경운기를 세웠습니다. 그 곳은 '북경반점'이란 간판이 붙어 있는 중국집 앞이었습니다.

그 때 누워 있던 이씨가 하품을 하며 일어나다가 깜짝 놀라 물었습니다.

"우리가 왜 여기 있나요?"

"이제 깨났는가? 지금 병원에 가고 있는 길일세."

박씨 영감이 말했습니다.

"병원엔 왜요? 누가요?"

이씨의 눈이 동그래졌습니다.

"누군 누군가, 자네지. 벌에 쏘여 실신했었네."

"제가요? 저는 괜찮은데요."

이씨는 손을 훌훌 털며 일어났습니다.

"병원에 안 가도 되겠는가?"

"이렇게 멀쩡한데 병원이라뇨? 당치도 않습니다, 허허."

이씨는 웃기까지 했습니다.

김씨는 기가 막혔습니다. 지금껏 딱 두 번째로 나온 읍내입니다. 그 걸음이 헛걸음이라니 말도 되지 않습니다. 그래서 한 마디 했습니다.

"그래도 병원 문까지만 갔다가 돌아가면 안 될까유?"

"병원은 무슨 병원! 쓸데없는 소리 그만 하고, 이왕 여기까지 왔으니 짜장면이나 먹고 가세."

이씨는 경운기에서 훌쩍 뛰어내려 북경반점으로 성큼성큼 걸어 들어갔습니다. 박씨 영감과 김씨도 그 뒤를 따랐습니다.

"이 봐요. 여기 짜장면 곱빼기로 세 그릇 주시오."

이씨가 큰 소리로 당당하게 외쳤습니다. 아마 이런 곳에 자주 와 본 모양입니다.

자장면이 나왔습니다. 김씨는 이씨가 하는 대로 자장에 면을 비벼 젓가락으로 들어올려 후루룩 들이마셨습니다. 생전 처음 먹어 보는 자장면 맛이 꿀맛입니다. 시루떡하고는 비교할 바가 못됩니다.

박씨 영감과 이씨가 아직 반도 먹지 못했을 때 김씨는 깨끗이 비우고 그릇에 묻은 자장을 핥아 먹었습니다.

"한 그릇 더 할란가?"

이씨가 물었습니다.

김씨는 고개를 끄덕였습니다.

김씨는 자장면을 다 먹고 밖으로 나와 고개를 돌려 주변을 유심히 살폈습니다. 똑바로 기억해 둘 필요가 있기 때문입니다. 언젠가 꼭 다시 찾아올 거라 마음먹었으니까요.

김씨는 혀끝으로 자장면의 맛을 다시 느껴보았습니다. 어떻게 살아 생전 이렇게 맛있는 음식을 먹을 수 있었을까, 그것이 참으로 신기하게 여겨졌습니다. 따지고 보면 그것은 벌들 덕분입니다. 이씨가 벌에 쏘이지 않았다면 읍내까지 나왔을 리가 없고 읍내에 나오지 않았다면 자장면도 먹지 못했을 것입니다. 김씨는 마음 속으로 벌에게 고맙다고 수없이 되뇌었습니다.

3. 우리 북경반점

밭일은 해도 해도 끝이 없습니다. 특히 고추는 익는 대로 따 주지 않으면 물러서 못쓰게 되기 때문에 미룰 수가 없습니다.

김씨는 아내와 우현이를 데리고 고추밭으로 나갔습니다.

언덕배기에 확 펼쳐진 고추밭을 보자 문득 여기가 하늘나라가 아닐까 하는 생각이 들었습니다. 그렇게 생각하니 꼭 그런 것 같았습니다. 하늘나라는 더할 수 없이 좋은 곳이라 했으니까요.

"허허."

김씨의 입에서 저절로 웃음이 새어 나왔습니다.

모두들 밭으로 들어서서 고추를 따기 시작했습니다.

김씨가 우현이를 돌아보니 입이 한 발이나 나왔습니다. 고추 따는 일이 몹시도 내키지 않는 모양입니다. 아이들은 놀기만 좋아하지 일하기는 좋아하지 않습니다.

"우현이 니는 한나절만 따고, 오후에는 놀기라."

김씨는 우현이 등을 토닥거렸습니다.

우현이는 여전히 입을 내밀고 있습니다. 그것으로는 부족한 모양입니다. 그렇다면 더 좋은 조건을 내걸어 달래 주어야 합니다.

"짜장면 사 줄 끼라."

자장면에 대해서는 우현이에게 몇 번 설명해 주었습니다. 생기기는 물기 없는 검은 국수처럼 생겼는데 맛으로 말하면 국수와는 비교할 수 없다고 했지요.

"맨날 말로만 사 준다 카고는."

우현이는 입을 실룩거렸습니다.

"정말이라. 니 어메도 데불고 가자. '우리 북경반점'에서 먹는 기라."

김씨의 눈앞으로 까만 자장면이 떠오릅니다. 입 안에 벌써 침이 고입니다. 북경반점의 모습도 눈에 어른거립니다. 자장면을 먹은 그 날부터 북경반점은 '우리 북경반점'으로 바뀌었고 이 세상에서 가장 맛있는 음식은 시루떡에서 자장면으로 바뀌었습니다.

"말로만 그카지 말고 언제 사 줄 긴가 약속을 하란 말요."

우현이의 표정이 많이 밝아졌습니다.

"언제라고?"

김씨는 미처 그것까지는 생각하지 못했습니다. 아무래도 가을 일을 마친 뒤라야 될 것 같은데 그 정도가 언제쯤 되는지 알 길이 없습니다.

"먹을 날을 정해야 먹으러 갈 게 아녀요?"

우현이는 옆에서 자꾸만 대답을 재촉합니다.

그 때 김씨의 머릿속으로 기가 막힌 생각이 떠올랐습니다. 그건 바로 크리스마스날로 정하면 좋겠다는 생각이었습니다.

"좋다. 쿠리수마수날에 먹는 기라. 그 날 우리 북경반점에 가자."

크리스마스란 말은 김씨가 알고 있는 말 가운데 가장 유식한 말로 생각되는 말입니다. 그 말을 자신의 입으로 이렇게 하고 있으니 김씨는 어쩐지 높은 사람이 된 듯한 기분이 들었습니다. 사람들이 자신을 두고 하는 반편이란 말도 그 말 앞에서는 스르르 녹아 내리는 것 같습니다.

"크리스마스날 사 준다고 약속했어요."

우현이가 새끼손가락을 내밀었습니다.

"하무(그럼)."

손가락을 걸었습니다.

김씨의 입이 귀 밑까지 찢어졌습니다.

"그런데 아부지, 짜장면이 왜 새카마츄?"

우현이는 아무래도 자장면의 색깔이 마음에 걸리는 모양입니다.

"내 생각에는 새카만 가루를 섞지 않았나 싶은 기라."

"새카만 가루? 그걸 왜 섞어요?"

"낸들 아나? 모르긴 몰라도 그 가루에 비밀이 숨어 있을 끼다. 가루를 섞으면 짜장면이 되고, 섞지 않으면 국수가 되든가."

"참 희한하네요."

우현이는 고개를 갸웃거렸습니다.

새참 때가 되어 세 식구는 밭둑 풀밭에 앉아 새참을 먹었습니다. 새참은 찐 감자입니다. 모두들 감자를 고추장에 찍어 먹었습니다.

김씨는 감자를 먹으며 생각했습니다. 반편이인 자신이 어떻게 그렇게 맛있는 자장면을 먹을 수 있었을까요. 그 사실이 꿈만 같습니다. 하느님이 자신에게 자장면을 먹게 하기 위해 그 날 그 시각 이씨에게 논둑의 풀 베는 일을 시켰고 벌에 쏘이게 했을지도 모릅니다. 하느님도 참 고마운 분입니다.

"우리 세 식구, 쿠리수마수날은 무슨 수가 있어도 우리 북경반점에 가는 기라."

김씨는 두 주먹을 불끈 쥐었습니다.

4. 크리스마스날

기다리고 기다리던 크리스마스날 아침입니다. 우현이는 달력에 동그라미를 쳐 놓고 기다렸고 김씨는 그냥 기다렸는데, 기다린 걸로 말하면 김씨가 우현이보다 더하면 더했지 못하지는 않습니다.

어쨌든 크리스마스날이 돌아왔고 김씨는 평소보다 일찍 눈을 떴습니다. 방문이 훤해지는 걸로 보아 날이 밝아 오고 있었습니다.

김씨는 자리에서 일어나 얼른 밖으로 나가 보았습니다. 하늘을 보니 구름이 잔뜩 껴 있습니다.

'눈이 오지 말아야 할 텐데.'

눈이 오면 경운기를 움직일 수 없으니 읍내 나가는 일도 뒤로 미룰 수밖에 없을 것입니다. 걱정이 되기는 하지만 눈이 와도 읍내에 가는 걸 포기하지 않겠다고 마음을 다잡았습니다.

아침을 먹고 김씨는 먼저 경운기를 손보았습니다. 기름칠을 하고 몇 군데의 나사를 조였습니다. 시동도 걸어 보았습니다. 요즘 들어 경운기 힘이 많이 떨어졌습니다. 하기야 우현이보다 나이가 많은 경운기니 힘이 떨어질 만도 합니다. 손재주가 뛰어난 김씨라 큰 고장이 나도 거뜬하게 고치곤 했지만 그것도 점점 어려워지는 듯이 보였습니다.

김씨가 그러고 있는 동안 우현이는 방에서 마당으로 수없이 들락날락했습니다. 하늘을 살펴보는 걸로 보아 날씨 때문에 그러는 것 같습니다. 이러다가 자장면을 못 먹게 되는 게 아닌가 걱정하고 있는 게 분명합니다.

"걱정하지 말기라. 우리 북경반점엔 꼭 간다."

김씨는 싱긋 웃으며 안심시켰습니다.

새참 때가 되어 김씨 가족은 경운기를 타고 읍내를 향해 출발했습니다. 그 때까지 눈은 내리지 않았습니다. 그러나 두 고개를 넘어 거의 십여 리를 갔을 때 눈이 내리기 시작했습니다.

"괜찮은 기라."

김씨는 눈 하나 깜박하지 않았습니다. 그 정도 눈이야 맛있는 자장면을 생각하면 아무 것도 아니기 때문입니다. 그 무엇도 '우리 북경반점'

을 찾아가는 발걸음을 멈추게 할 수 없습니다. 그러나 문제는 눈이 아니고 바로 경운기였습니다. 언덕을 숨가쁘게 오르던 경운기가 고양이처럼 가랑가랑한 소리를 뱉어 내더니 시동이 꺼지며 기어코 멈추어 서고 말았습니다.

"경운기를 고차 계속 가는 기라."

김씨는 아무렇지도 않은 듯 가족을 돌아보며 중얼거렸습니다.

김씨 아내와 우현이는 고개를 끄덕였습니다. 김씨의 솜씨는 믿을 만하기 때문에 걱정할 필요가 없습니다.

눈발이 더욱 굵어졌습니다.

김씨는 하늘을 한 번 흘깃 쳐다보고 연장통에서 연장을 꺼내어 익숙한 솜씨로 경운기를 고치기 시작했습니다. 김씨 아내는 경운기 한쪽에 꽂아 두었던 우산을 펼쳐, 뜯어서 길가에 펼쳐 놓은 경운기 부품 위로 눈이 쌓이지 않게 했습니다. 우현이는 옆에 서서 김씨가 어떻게 손을 놀리는가 구경했습니다. 지금 김씨 가족에게 문제되는 것은 아무것도 없습니다. 눈발이 날려 조금 불편한 걸 빼면 말입니다.

김씨는 세 시간쯤 걸려 경운기를 다 고쳤습니다. 엔진 소리를 들어 보니 처음보다 힘이 훨씬 세어진 것 같았습니다.

"가자. 이제는 끄떡 없을 끼다. 내가 누긴가?"

김씨는 환하게 웃었습니다. 우현이와 김씨 아내도 따라 웃었습니다.

경운기가 빠끔빠끔 연기를 뱉으며 출발했습니다. 눈이 제법 쌓였지만 바퀴는 잘 굴러갔습니다. 뱃속에서 꼬르륵거리는 소리가 들리는 걸로 보아 벌써 점심 식사 때를 넘겼는가 봅니다. 그러나 걱정 없습니다. 경운기가 잘 굴러가고 있으니 오래지 않아 읍내에 닿을 것입니다.

얼마나 갔을까. 급한 굽이길을 돌 때였습니다. 경운기가 비스듬히 기울어지더니 길 아래쪽으로 스르르 미끄러졌습니다. 김씨는 깜짝 놀라 얼른 경운기를 세웠지만 이미 늦었습니다. 경운기 앞 부분이 깊은 논바닥에 꼬라박힌 뒤였습니다.

김씨네 식구들은 경운기에서 내려 그 모습을 바라보았습니다. 경운기를 꺼내는 일은 기술로는 어려울 것 같았습니다. 그렇다면 아무리 좋은 기술도 소용이 없지요.

김씨는 어떻게 경운기를 꺼낼까 곰곰이 궁리했습니다. 아무리 생각해도 마땅한 방법이 떠오르지 않습니다. 자신이 반편이만 아니라도 좋은 방법을 생각해 낼 수 있을 거라는 생각이 스치기는 했지만, 그 때문에 속이 상하지는 않았습니다. 왜냐 하면 자신은 이미 반편이이기 때문입니다.

"댁들 거기서 뭐 하슈?"

꽤 오랜 시간이 흐른 뒤 소달구지를 끌고 가던 노인이 걸음을 멈추고 말을 걸었습니다.

"예. 경운기가 빠져서."

김씨는 한 발 뒤로 물러났습니다.

"왜 이런 날 경운기를 끌고 나왔소? 저리 비키소."

노인은 경운기에 밧줄을 걸어 달구지 뒤에 묶었습니다.

소가 끌고 김씨가 밀자 경운기는 아무 일도 없었다는 듯이 가볍게 길 위로 올라왔습니다.

김씨는 몇 번이나 고맙다고 고개 숙여 인사하고 경운기를 달렸습니다.

김씨네 가족이 읍내에 도착한 것은 저녁 무렵이 다 되어서였습니다.

읍내 길은 매우 미끄럽고 질척거렸습니다. 어디선가 시끄러운 호루라기 소리가 호르륵 들려왔습니다. 경찰의 손 신호에 지나다니던 차들이 모두 섰습니다. 김씨의 경운기는 아주 안전하게 길을 건넜습니다. 김씨가 북경반점에 도착하기까지 호루라기 소리가 몇 번 더 울렸고, 경찰은 그만큼 더 바빴습니다.

그렇지만 이게 웬일입니까. 북경반점의 문이 굳게 닫혀 있는 것입니다.

김씨는 문 위에 걸려 있는 '금일 휴업'이란 글씨를 말없이 바라보았습니다. 크리스마스날은 쉬는 날이라 많은 음식점이 문을 닫는다는 사실을 모르고 있었던 것입니다.

김씨는 잠시 생각에 잠겼다가 입을 열었습니다.

"우리 북경반점에선 내년 쿠리수마수에 와서 묵고 오늘은 다른 데서 묵자."

"그라주."

올 크리스마스에 문을 닫으면 내년에도 마찬가지일 거라는 사실을 아는지 모르는지 우현이는 다른 데 가서 먹자는 말에 반갑게 그러자고 대답했습니다.

김씨는 읍내를 싹 뒤져 기어이 문을 연 구멍가게 만한 중국집을 찾아냈습니다. 그러기까지 호루라기와 경찰의 도움이 여러 번 더 필요했단 건 더 말할 나위도 없습니다.

"여기, 짜장면 고봉으로 여섯 그릇 주시오."

김씨는 큰 소리로 당당하게 소리쳤습니다.

"예? 곱빼기 말씀인가요?"

"그기(그것이) 많은 기요?"

"그럼요. 훨씬 많죠. 그런데 왜 여섯 그릇씩이나?"

"우린 두 그릇씩 먹을 끼요."

자장면이 나오자 김씨는 자랑스럽게 자장면은 이렇게 먹는 것이다 보여 주기라도 하듯 입을 한껏 오므리고 후루룩 빨아 올렸습니다. 김씨의 아내와 우현이도 김씨를 따라 했습니다. 자장이 튀어 옷과 얼굴에 검은 얼룩이 졌습니다. 아무도 그걸 두고 이러쿵저러쿵 말하지 않았습니다.

중국집 주인은 마음씨가 좋은 사람이어서 김씨 가족이 자장면을 참 맛있게 먹는 걸 보고 곱빼기 한 그릇을 덤으로 주었습니다. 우현이와 김씨의 아내는 더 이상 못 먹겠다 하여 김씨가 먹었습니다.

자장면을 배불리 먹으니 그 동안 한 고생은 아무것도 아닌 것처럼 생각되었습니다. 모두들 하나같이 기분이 좋았습니다.

김씨네 가족은 밤이 깊어서야 집에 돌아왔습니다. 군불을 지피고 셋이 나란히 한 이불 속에 들어가 발을 한 군데 모으고 누웠습니다.

김씨는 올 크리스마스는 영원히 잊지 못할 거라 생각했습니다. 이 세상 그 누구도 이처럼 멋진 크리스마스를 보내지는 못했을 것입니다.

"짜장면 맛있더뇨?"

김씨가 우현이 귀에 대고 물었습니다.

"하무요(그럼요)."

우현이가 대답했습니다.

김씨는 조용히 눈을 감았습니다. 오늘 일이 하나하나 떠올랐습니다. 꿈 같은 하루였습니다.

김씨의 입가로 잔잔한 웃음이 번져 갑니다. 정말이지 이 세상에는 아무런 걱정거리가 없습니다. 가끔씩 조금 어려운 일이 찾아오기는 하지만요.

밖에서는 그 동안 그쳐 있던 눈이 다시 내리기 시작했습니다.

■ 책 읽는 가족 여러분에게

사람이 꽃보다 아름다운 까닭

　누구나 혼자 길을 가다 보면 저절로 흥얼거리게 되는 노래가 한 곡쯤은 있기 마련입니다. 나도 그런 노래가 있는데 바로 '사람이 꽃보다 아름다워'라는 노래입니다. 물론 가사를 다 외우진 못합니다. 다만 제목과 똑같은 가사가 나오는 부분만 떠올라 자꾸 반복해서 흥얼거릴 뿐이지요. 아무래도 그 노래 전체가 좋다기보다 '사람이 꽃보다 아름다워'라는 말이 제 마음에 쏙 들었나 봅니다.
　홍기 선생님의 동화집 『사람이 아름답다』를 읽으면서 나는 아무런 까닭 없이 그 노래를 몇 번이나 흥얼거리곤 했습니다. 그러다가 나는 문득 '사람이 왜 아름다운 걸까? 그리고 사람이 꽃보다 아름답다는 말은 적절한 표현일까?' 하는 생각이 들었습니다. 그러자 여러 생각이 꼬리에 꼬리를 물더니만 나도 모르게 도리질을 치고 말았습니다. 이 책에 나오는 동화 한 편이 떠올라 가슴이 아파 왔기 때문이지요.
　동화 「수달 이야기」가 떠오르는 순간 나는 사람이 결코 아름답지 못하다는 생각이 들었습니다. 아기수달 '이슬이'를 아무런 까닭 없이 공처럼 발로 마구 차서 죽게 만든 잔인함을 지닌 사람들이 과연 손톱만치라도 아름다울 수 있는 것일까요?

'이 세상은 참으로 아름다워요. 하늘도 있고, 새도 있고, 풀도 있고, 조약돌도 있기에 아름다워요. 그 모든 것들이 함께 살아가기에 더욱 아름다워요.'

보고 또 보아도 새롭고 아름다운 세상 구경을 하며 아기수달 이슬이는 이런 생각을 했지요. 그런 이슬이를 사람들은 재미 삼아 발로 차서 죽이는 참으로 어이없는 잔인함을 보였던 것이지요. 나는 몇 번씩이나 이슬이가 나오는 책장을 넘기며 가슴아파했습니다. 그러면서 이슬이처럼 세상을 아름답게 보는 눈이야말로 정말 아름다운 것이라는 생각이 들었습니다.

그나마 내 마음을 위로해 준 것은 다른 동화에 나오는 또다른 사람들이었습니다. 동화 「새로 놓은 다리」를 보면 「수달 이야기」와는 정반대인 사람들이 나옵니다. 멧돼지를 살리려고 일 주일도 넘게 걸려서 힘들여 놓은 다리를 다시 깨 버리는 사람들의 모습은 참 아름답습니다. 그까짓 멧돼지 한 마리가 뭐 그리 대단하며, 다시 불편을 감수해야 할 것이 뻔한데 왜 그리 어리석은 일을 하

115

는지 모르겠다고 여기는 사람이 있을지도 모릅니다.

글쎄요, 우리가 종종 쓰는 '어리석다'라는 말은 어떤 잣대에서 나온 말일까요? 우리는 남보다 둔해서 동작이 굼뜨고 판단이 빠르지 못하다는 이유만으로 그 사람을 어리석다고 여기는 경우가 많습니다. 그리고 자신의 욕심과 이기심을 챙기려는 마음이 앞서 약삭빠른 사람을 오히려 지혜롭고 똑똑하다고 잘못 생각하기까지 합니다.

동화집 『사람이 아름답다』를 읽으며 나는 '어리석음' 속에 오히려 참다운 '지혜'와 '아름다움'이 깃들어 있다는 생각이 들었습니다. 「새로 놓은 다리」에 나오는 산골 마을 사람들, 「사람이 아름답다」에 나오는 울릉도 아이 하수, 사람들이 '반편이'라고 부르는 「자장면」의 주인공 김씨 아저씨가 바로 그런 아름다움을 일깨워 주는 사람들이지요.

이제 나는 길을 가면서 콧노래로 '사람이 꽃보다 아름다워'를 다시 흥얼거릴 수 있을 것 같습니다. 왜냐 하면 사람이 꽃보다 아름다운 까닭을 어렴풋이나마 알 것 같기 때문입니다. 여러 생각이 꼬리에 꼬리를 물고, 뒤엉키고 다시 풀리더니, 머리가 맑아지며 문득 이런 생각이 들었기 때문이지요.

'언제 보아도 빛깔이 마냥 곱고, 모양이 마냥 예쁘고, 늘 좋은 향기를 지닌 꽃은 당연히 아름다울 수밖에 없어. 그에 비해, 사람은 때때로 욕심과 미움에 물들어 본래의 아름다움을 잃고 추해지지. 하지만 언젠가 또다시 자신의 마음속에 깃들어 있는 아름다움을 되찾아 낼 수 있기에 사람은 아름다운 거야. 그래서 사람이 꽃보다 더 아름다운 거야. 짙은 그늘을 벗어나는 순간 더욱 눈부신 햇살이 얼굴 가득 쏟아지는 것처럼!'

— 신 형 건 (시인, 비평가)

교과서에 실린 〈푸른책들〉의 동화책을 더 만나 보세요!

5-2 『읽기』 수록

책 읽는 가족 ❻

엄마는 파업 중

김희숙 동화집 | 박지영 그림

'이제부터 요리, 청소, 빨래 절대로 안 할 거야!' 집안일이 얼마나 힘든 일인 줄 우리가 통 몰라 줘서 엄마는 파업을 했대요. 집안은 엉망이고, 아빠는 밥도 할 줄 몰라 쩔쩔매고……. 엄마의 소중한 역할을 알려 주는 이 동화를 비롯해 12편의 좋은 동화가 실려 있어요.

＊서울독서교육연구회 추천도서　　＊중앙독서교육 선정도서
＊소년조선일보 추천도서

6-1 『읽기』 수록

책 읽는 가족 ⓲

까마귀 오 서방

박재형 동화집 | 양상용 그림

어부인 아버지가 창피하다고 화를 낸 미나는 아버지가 풍랑에 조난을 당하자 깊은 슬픔에 빠지지요. 산 위에 올라 '해맞이'를 하면서 아버지가 무사히 돌아오기를 비는 미나의 모습이 우리들 가슴에 오래오래 남아요. 제주도의 자연보다 더 아름다운 제주도 사람들의 이야기 13편이 실려 있어요.

＊한라문화제 추천도서　　＊책읽는교육사회실천협의회 추천도서

교과서에 실린 〈푸른책들 · 보물창고〉의 동화, 함께 읽어 보세요!

꿀 독에 빠진 여우 | 안선모 창작동화
행복한 비밀 하나 | 박성배 동화집
세종 대왕, 세계 최고의 문자를 발명하다 | 이은서 역사동화
우리 조상들은 얼마나 책을 좋아했을까? | 마술연필 역사동화
빨간 머리 앤 | 루시 모드 몽고메리 장편동화

교과서에 실린 〈푸른책들 · 보물창고〉의 동시집, 함께 읽어 보세요!

아가 입은 앵두 | 서정숙 동시집
우리 동네 이야기 | 정두리 동시집
참 좋은 짝 | 손동연 동시집
산새알 물새알 | 박목월 동시집
아! 깜짝 놀라는 소리 | 신형건 동시집
감자꽃 | 권태응 동시집
어쩌면 저기 저 나무에만 둥지를 틀었을까 | 이정환 동시조집
우산 속 둘이서 | 장승련 동시집
우리 속에 울이 있다 | 박방희 동시조집
별을 사랑하는 아이들아 | 윤동주 동시집
얘, 내 옆에 앉아! | 연필시 동인 동시집
뻥튀기는 속상해 | 한상순 동시집
엄마보다 이쁜 아이 | 정진아 동시집
바퀴 달린 모자 | 신형건 동시집